ウエイトトレーニング & ボディメイキング

GOLD'S GYM METHOD *Special*

改訂決定版！

GOLD'S GYM

ゴールドジム メソッド スペシャル

CONTENS

5

撮影:桜井ひとし、馬場高志、BBM
デザイン:泰司デザイン事務所
編集:藤本かずまさ(株式プッシュアップ)
　　　編集スタジオとのさまがえる
　　　トレーニングマガジン編集部
Special Thanks:
株式会社THINKフィットネス
　手塚英司、田代誠、荒川大介、荒川孝行、
　佐藤貴規、鈴木雅、加藤直之、神かな子
JURASSIC ACADEMY
　木澤大祐
相澤隼人

※本書は小社(ベースボール・マガジン社)発行のムック「ゴールドジムメソッド」(2015年7月・刊)、「ゴールドジムメソッドOVER35」(2016年11月・刊)、「ゴールドジムメソッドアドバンス」(2019年11月・刊)に掲載した記事に加筆・修正を施し、オールカラー化&リデザインのうえ、新たな内容(「特別対談　相澤隼人×鈴木雅『バルクアップ』にどう取り組むべきか」)を加え、書籍化したものです。そのため、同一の種目が複数個所にて解説されています。

トレーニングの「失敗は成功」

鈴木雅×相澤隼人

特別対談

誰にでも初心者といわれる時代はあったはず。
ボディビルのチャンピオンもまたしかり。
ここでは、中学時代よりボディビルダーとして活躍し、
2021年には21歳という若さで日本王者となった相澤隼人選手、
そして日本選手権9連覇を達成し16年には世界王者にもなった鈴木雅選手が対談。
押さえておくべきトレーニングの基本について語ってもらった。

失敗したことは、もうやらなければいいだけ

——お二人にも当然、初心者だった時代があります。そのころはどのようにトレーニングを進めていたのでしょう。

鈴木　今のようにトレーニングの情報量が多くなってきたのは2010年代の後半、SNSが普及してからだと思います。私がトレーニングを始めたばかりのころはまだ情報量がすごく少なかったです。例えば減量に関しても、体重が落ちなくなったらチートを入れて代謝を上げるなど、エビデンスというより個人の体験に基づく情報が多かったです。

——ネットそのものが普及していなかったころは、SNSで情報収集することもありませんでした。

鈴木　いろんなことを試す上での選択肢も限られていたように感じます。ある人が「これがいいよ」と言えば、それが絶対だと思って取り組んでいました。そうした中で、やはり失敗することのほうが多かったです。私自身も失敗するものだと思って取り組んでいました。

　そうしていろんなことを試していった中で残ったのが、減量時でも栄養素は過不足なく摂る、コンディションを100%

に近づける、などベーシックな手法です。少ない情報を頼りに試行錯誤した結果、最終的にはそうした基本的なところにたどり着きました。あれはあれでいい経験をさせてもらったなと思います。

——情報がなかったからこそいろんなことを試し、そこで取捨選択できる力が身についた？

鈴木　そうですね。だから、「失敗は成功」なんです。失敗したことは、もうやらなければいいだけです。また、もしかしたら状況に応じて、その失敗したことが必要になることがあるかもしれません。失敗したことを自分にどのように役立てるかが大切なんです。

　トレーニングを始めたばかりのころは、やはり奇跡が起こることを夢見るんです。朝起きたらすごく筋肉を大きくなってないかとか、次のトレーニングですごく重量が伸びるんじゃないかとか。

——鈴木選手にもそんな時期があったのですね。

鈴木　でも、体は一朝一夕に変わるものではありません。結局は、こつこつと続けていくしかないんです。私もそうやってきて続けてきて、良かったと感じます。トレーニングでは「重たいものを持つべきか」、それとも「筋肉にしっかりと効

かせるべきか」、議論されることがあります。私はどちらかと言えば、重いものを振り回すようなトレーニングをしていました。これはこれで、やってよかったと思います。若いうちに重たいものを持てるだけの筋力が養えましたから。

ただ一方で、筋肉に対して的確に刺激がヒットしていたかといえば、そうでもなかったかもしれません。ベンチプレスは180kgでセット組んでいたのですが、胸はなかなか発達しませんでした。そういうこともありました。重さを持てるようになったのはよかったのですが、もっとトレーニングのメカニックな部分を理解した上で取り組んだほうがよかったかもしれません。

トレーニングは最初の 3年ほどの経験でその後が決まる

——相澤選手は情報量が多い時代に生きています。

相澤 ただ、トレーニングを始めたのは2010年代の前半で、まだ中学生のころでした。今では小学生でもスマホを持つ時代ですが、僕らのころはまだ中学生は携帯を持っていませんでした。ネットの環境は自宅にあったので調べようと思ったら調べられたのですが、中学生レベルだと何がいい情報で何が悪い情報なのか、判断がつきません。だから結局は、「とにかく追い込めばいいんじゃないか」と、自分がやりたいようにやっていました。また、僕は小学生の頃から柔道をやっていたのですが、まだぎりぎり根性論の練習をやっていた時代でした。当時は理不尽に感じるようなこともありましたが

（苦笑）、今になって思うとあれはあれで良い経験だったと思います。

——そうした経験でトレーニングに向かうマインドが養われた？

相澤 トレーニングは最初の3年ほどの経験でその後が決まると言われます。最初の3年間でどれだけベースを築けるか。僕の場合はそこで限界を越えていこうという強い気持ちが養われました。また、ちょうど成長期だったということがあり、身長も伸びながら同時に筋肉もついて体重も増えていきました。ただ気持ちが先行しすぎて、高校生くらいになるとある程度筋力もついていたのですが、ゴールドジムに通うようになり、周りのボディビルダーたちがみんな重たいものを持っていたので、僕も持たなければダメだと思ってしまったんです。そこで怪我をしてしまうことも多かったです。

——10代のうちにそのような経験もしたのですね。

相澤 そこからは自分でセーブできるようになり、筋力を伸ばすような重量を持つ種目と、体をデザインしていくような、いわゆる「効かせる種目」も取り入れて、バランスが取れたメニュー構成になっていったと思います。だから、僕も実際にやりながら、トレーニングを学んでいきました。最初の段階では自分がやりたいことしかやっていなかったのですが、それに対して後悔はありません。これをやっておけばよかったと思うことも今はあまりありません。もし今の自分が初心者だったころの自分に「こうしたほうがいい」とアドバイスしても、理解できないと思います。

鈴木 私は相澤選手がまだ高校生だった

ころからトレーニングを見ていますが、彼はどちらかといえば泥臭いスタイルのトレーニングをしています。本当に若者なのかと思うくらいです（苦笑）。情報をたくさん集めてからトレーニングに入るタイプの人は、これにはいい面もあれば悪い面もあるかと思いますが、泥臭いトレーニングができない、つまりなかなか自分で追い込めないというのはあるかもしれません。

——泥臭くやることで、トレーニングって重要な、重量と戦うマインドのようなものが養われそうな気がします。

相澤 それはとても大事なことだと思います。今はいろんな情報がありますが、中にはとても信じがたいものもあります。そうした情報を信じてしまい、自分の中で逃げ道を作ってしまうということは起こりえるかもしれません。情報のみに流

されてしまうのではなく、「前回のトレーニングよりも1回でも多く挙げよう」とか「1kgでも重たいものを挙げよう」とか、そうしたトレーニングの軸は見失わないでほしいと思います。

最初に「取説」を読むのはトレーニングでも同様

——SNSですぐに情報が得られる時代にはなり、体作りがインスタント的なものに捉えられてしまう側面もあります。

鈴木 誰でも簡単に体を変えられるんじゃないかと。トレーニングの裾野が広がるという意味で、それはそれでいいと思います。ただ、そこを入り口として、もう少し深いところまで行くべきなのではないかと思います。特に情報を取捨選択していくというのは今はすごく大事です。

「今はいろんな情報がありますが、中にはとても信じがたいものもあります。そうした情報を信じてしまい、自分の中で逃げ道を作ってしまうということは起こりえるかもしれません」（相澤）

例えば「筋肉をつける」という一つの物事に対して、昔は「使用重量を伸ばせばいい」と一つの道だけで語られがちでした。しかしながら、本当はトレーニングフォームの改善であったり、栄養や生活の見直しであったり、自律神経のバランスであったりと、いろんな道があるわけです。一つの物事を伸ばすのにはいろんな要素があり、そうした情報をしっかりと自分で拾って、自分で選んでいくというのはすごく大切なことです。

——その選ぶ目を養う意味でも、まずは自分でしっかりとトレーニングをやり込むというのは？

鈴木　それも一つの有効な手段です。自分で納得できないことは頭にも入ってこないと思います。実際に、若いうちはトレーニングに関するテクニカルな情報は頭に入ってこないものです。元気で、重さを持てますから。また、そうしたトレーニングとは満足度が高いものです。

　しかし、ひとつひとつの動きを理解しながら行うと、トレーニングがさらに面白くなります。ただ単に「この種目をやる」というのではなく、「この種目はこういったフォームで行って、身体のこの部

分でバランスを支えているから、この筋肉に作用する」、といったことを理解して実践することで、さらに楽しくなるはずです。

相澤　僕も去年あたりになってやっとスクワットというものが掴めてきたという感覚です。

鈴木　実践して、感覚を掴んでいくのは大事だと思います。ただ、実践するにしても、何も分からずにやるわけではありません。「勉強」とまでは言いませんが、ざっくりとでもいいので、どういったことをどのように進めていけばいいのか、把握してから始めることになります

相澤　重さを持てばいいというわけでもないですし、根性があればいいというわけでもありません。そこにはベースになる部分もあります。そのベースを崩さないほうがいいと思います。いろんな情報に飛びついていくのではなく、ベースになるものを続けていくことで結局は直線的にトレーニングを進めていけるようになると思います。

鈴木　いわゆる「取説」のようなものですね。取説は最初にざっくりと呼んで、細かい部分にはあまり目を通さないものです。トレーニングにおいても同様で、何も知らない状態でいきなり始めるよりも、まずは取説でベースを押さえて、それをもとに取り組んでいくというのが一つの方法になります。

——その取説として活用してもらうために、本書のような書籍があるわけですね。

鈴木　そうです。そして、そこから例えばベンチプレスの手幅を指1本変えてみたりして、自分の体にあったフォームにカスタマイズしていくのも一つの手段で

「ただ単に『この種目をやる』というのではなく、 ひとつひとつの動きを理解しながら行うと、 トレーニングがさらに面白くなります」(鈴木)

す。また、そうした中で、なかなかできない動作も出てくるかもしれません。そうした場合は他に付け足すべき要素もあるのかもしれない。ここの筋肉が動かせていないからこのフォームが取れない、とか。動かせない部位があるのなら、そこに他の方法でアプローチをかけていく必要があります。

まずは高い目標を設定して、 そこに向かうまでの 階段を作っていく

——指導の現場に出ていると、いろんな世代のトレーニーと接すると思います。最大公約数的な傾向というものはあるものでしょうか。

鈴木 長くトレーニングをされている方は、自分のやり方を変えたくない、捨てたくないという人が多いです。

——確かにトレーニングを長くやっていると頑固になりがちです。

鈴木 以前の成功体験があり、その影響がすごく大きいんです。自分はこれで成長したとか、こういうことをやったとか。それが捨てられなくて、同じことを繰り返してしまう人が少なくありません。しかし、段階的に違うアプローチをすることで、それがうまくいき体が変わっていく場合もあります。また、今やっていることをベースにプラスアルファで何かを付け加えることでもしかしたらさらに良くなるかもしれません。

相澤 僕も現場では自分よりも年上の方を指導させていただくことがあるのですが、そういう方の中は体の使い方のクセが強い人が多い印象です。

——自分のやりやすいフォームでトレーニングをしてしまっている?

相澤 トレーニングを継続する上で、やりやすいようにやって満足感を得るというのも一つの重要な要素だと思います。同時に、それに加えて効果というものも重視していく必要もあります。という僕も、鈴木さんに出会わなければ、体の使い方ということを意識しなかったかもしれません。僕は肋骨が開きやすいタイプなんですが、肋骨が開くと腹圧をかけづらくなって、対象筋から負荷が抜けやすくなります。そのことを鈴木さんに指摘され、今では肋骨を締めるためのアプローチが少しずつできるようになってきました。

鈴木 若い人のほうがいろんなものに飛びつくというのはあると思います。だか

13

2010年より日本選手権9連覇を達成した鈴木選手。現在はゴールドジム・トレーニング研究所所長を務める。2021年からは読売ジャイアンツでトレーニング指導を担当し、大きな話題に

ら、ただいろんなものを貪欲に取り入れようとする力は、もしかしたら若い方のほうがあるかもしれません。情報は常に更新されていきます。昔はこれで正しいと言われていた理論が、現在はそうではなかったと言われることもあります。パソコンのOSのように自分から更新していかないと、遅れていってしまいます。

——今は街にジムの数も増え、若いうちからウエイトトレーニングを行う人も増えてきたように感じます。

鈴木　一方で、コンテストに出るためにトレーニングを始めた学生さんの中には、社会人になってトレーニングの予定が立てられなくなってやめてしまうという方も多いようです。時間に余裕がある学生

のころのようにトレーニングができなくなって諦めてしまうという人は少なくありません。ただ、同じようにはできなくても、自分なりに時間を作ってトレーニングに取り組んでいる方もいらっしゃいます。そういった方は、以後も長続きする傾向があります。それまでの自分のやり方をいかにして捨てるか、ということです。

相澤　これから社会人になる僕に刺さる言葉です（苦笑）。

鈴木　ほとんどの人は仕事のスケジュールを優先してそこにトレーニングを合わせていくことになると思います。そこを崩したくないという人もいるかと思いますが、慣れれば意外と体がよくなることもあります。

　私も以前は夕方くらいの時間帯にトレーニングをしないと筋肉はなかなかつかないと、そう思い込んでいました。でも、社会人になったらそうはいかず、仕事が終わってからトレーニングするようになりました。これが仕事が遅番になると、トレーニングは朝にすることになります。すると、そこから体がすごく良くなっていったんです。自分の成長を妨げているこだわりや社会人生活を送る上で支障になるものなどは、捨てていったほうがいいと思います。

——一般的には仕事が終わってから夜にジムに行く人が多いかと思います。夜の19時から21時くらいはちょうど混み合う時間帯です。自分が使おうと思っていたマシンが埋まっていた場合、「空くまで待つ」「他の種目に変える」の二つの選択肢があるかと思います。

鈴木　今の私なら別の種目に変えます。

コントストに出ていたころは、その種目はいったん飛ばして次の種目をやって、最後の方に持ってくるようにしていました。ただ、一番最初に行う種目は変えません。最初に持ってくる種目は、もっとも重量を扱いたい種目、伸ばしていきたい種目なんです。だからそこは変えません。

相澤 僕も同じですね。例えばそのマシンは1台しかなくても、チェストプレスの代わりにダンベルプレスを行うなど、フリーウエイトの種目ならば、いろいろと応用ができます。だから、フリーウェイトの種目を中心にメニューを構成するのも、マシンがかち合うということを減らす要素になると思います。

——忙しくてトレーニング時間が30分しか取れない場合、お二人ならどのようにしますか。

相澤 いつも2時間かけて行うトレーニングを30分でしかできないとなったら、その日はオフにします。もちろんこれは週に何度かトレーニングができるという前提の話ですが、そこは気持ちを切り替えて休むようにします。30分で集中してやるというのがいいのかもしれませんが、トレーニングをするのならばパフォーマンスを上げた状態でしっかりとやりたいです。

鈴木 私も同じです。1週間ほどそういった状態が続くのならばトレーニングルーティンをまた考え直しますが、突発的に30分しかトレーニング時間が取れない日が1日とか2日とかあるようならば、その日は休みます。体を回復させる良い機会だと前向きに考えます。

——また、継続という面では目標設定も重要な意味を持つかと思います。立てた目標がいつも小さすぎる、反対に高い目標を立てたが故に途中で心が折れてしまった、またそもそもの目標の立て方自体がよくわからない、といった方に対してアドバイスするとすれば？

相澤 まずは高い目標を設定して、そこに向かうまでの階段を作っていくのがいいと思います。例えば世界大会で優勝するという目標を立てた場合は、その前の段階として日本大会で優勝する、そしてその日本大会に行くまでには地方大会で優勝しなければいけない。そうやって段階を踏みながら進んでいくのがいいと思います。「世界大会優勝」という大きな目標を掲げることも大事なんですが、そ

高校時代よりボディビル界の「ミライモンスター」として注目を集めていた相澤選手。19年には19歳で東京選手権最年少王者に。21年に日本選手権優勝。22年からは本格的にパーソナルトレーナーとして活動開始

15

Q：忙しくてトレーニング時間が 30分しか取れない場合どうする？

A：休みます。（鈴木＆相澤）

こしか見ていないと、到達するまでの道筋が分からなくなってしまいます。自分で階段をしっかりと作って、ステップアップしていくのが良いのではないかと思います。

また最初の大きな目標が描けなかったとしても、目の前の目標をクリアすることでまた次の目標が見えて、階段を登って行けるかもしれません。あと、純粋にトレーニングが好きという気持ちが大切だと思います。なんにしても、好きでやっているということを忘れなければ続けられると思います。

鈴木　基本的にはその先に大きな目標があって、そこに向かって小さな目標を組んでいけばいいと思います。これは目標にもよると思いますが、ある人の体に憧れたとします。その人の人物像はどうなのかなど、そこに近づくための要素をたくさん書き出しておくんです。例えばその人は大胸筋が発達していて、ベンチプレスで180kgを挙げると。じゃあ私もベ

ンチプレスの重量を少しずつ伸ばして言って180kg目指そうとか。そういったことでもいいと思います。

また目標が小さすぎるという方は、これは意外と面白いのが、よくよく話を聞いてみるとそういう方も大きな目標を持っているものなんです。

——口に出すのが恥ずかしいけども実は野望を抱いている？

鈴木　そうなんです。自分でもその大きな目標に気づいていないということもあると思います。だから目標が小さすぎるという方も、もしかしたらその先に大きな目標があるんじゃないか、そこを一度考えてみるのもいいと思います。

——ここに載っている鈴木選手、相澤選手の写真を見て「実は私はこんな体になりたかったのかも！」と思う方もいるかもしれません。

鈴木　口には出さなくても、そういうことを思いながらトレーニングに取り組むのはとても良いことだと思います。

トレーニングを始めよう!

「筋肉質な体になりたい」「肥満を解消したい」
「アンチエイジングのため」「趣味の1つにしたい」などなど、
その動機は人によってさまざま。
ここではトレーニングを始めるにあたって押さえておくべき基礎知識を、
ゴールドジムを運営する株式会社THINKフィットネス取締役であり
日本を代表するトップボディビルダーでもある
田代誠さんが解説!
まずはトレーニングに対する取り組み方や計画の立て方、
基本となる考え方を知ろう。

続けるためには
何からやるべきなのか

好きな種目から
始めるのがコツ

　初心者の人がいざトレーニングを実施するときに悩んでしまうのが、「どこの部位から取り組めばよいのか」ということではないでしょうか。トレーニングの効率性を考えれば、末梢の筋肉（腕、肩、カーフ）よりも、中枢の大きな筋肉（胸、背中、大腿部）から取り組むのが基本になります。また、効果を高めるために、全身をバランスよくトレーニングすることも大切です。

　しかしながら、トレーニングに対するその後の定着率を考えたときには、初心者のうちは自分が好きな部位から始めればよいと、私は思っています。最初から〝型〟にこだわってしまうと窮屈に感じて、結局はトレーニング離れしてしまうという事態を引き起こしかねません。もちろん、体のバランスという観点からいえば、ゆくゆくは全身をまんべんなくトレーニングしてほしいと願っていますが、無理をしてまで嫌いな種目や苦手だと感じる種目に、あえて取り組む必要はないのではないかと思うのです。

　基本として、まずは全身をひと通りトレーニングすることが重要ですが、その上で例えばベンチプレスが大好きになったのなら、極端にいえば、ベンチプレスだけをするためにジムへ行くのでも構わ

ないと思います。ボディビルダーを目指しているわけではなく、あくまでも趣味の一環ということでトレーニングに取り組むのであればなおさらです。強制するものではありません。

まずはマシンの
トレーニングから

　ウエイトトレーニングを行う器具は、大きくマシンとフリーウエイトに分けることができます。マシンはウエイトを動かす方向が決まっており、ターゲットの（鍛えたい）筋肉に確実に刺激が入るような構造になっています。一方、バーベルやダンベルなどのフリーウエイトは、マシンのように軌道が決まっていないため、自分で動作をコントロールしながら鍛えることになります。

　初心者の場合は、ケガの予防という観点から見ても、まずはマシンからスタートするのが正攻法といえるでしょう。マシンのメリットは何より「安全性」にあります。それを正確に扱うことによって、体の使い方や意識の方法についても学ぶことができます。マシンでのトレーニングをある程度積み重ねたら、その後はフリーウエイトによってトレーニングテクニックの幅を広げていく。さらには、マシンとフリーウエイトとをうまく組み合わせて展開していくのが、一般的な流れではないかと考えます。

先に述べたように、マシンとフリーウエイトにはそれぞれメリットがありますが、裏を返せば、それがデメリットにもなり得ます。

マシンの場合、軌道が決められているため、多方向の動作には対応していません。安定した姿勢を保つことができ、ターゲットとする筋肉だけを鍛えるには効果的ですが、姿勢を保持するための体幹や補助筋群を鍛えるのは難しいといえます。また、設計上、身長が高すぎる人や低すぎる人、あるいは手足が長い人や短い人には扱いづらいかもしれません。一方、フリーウエイトの場合は軌道が決まっていないため、重りのバランスをとることや動きのコントロールが難しいものです。これによるケガのリスクはもちろ

ん、思い通りのトレーニング効果が得られない可能性もあるでしょう。

マシンとフリーウエイト、それぞれのメリットとデメリットを理解すると、どちらかに偏るのではなく、いずれは双方をうまく組み合わせてそれぞれの良さを生かせることが最高だと理解できるのではないかと思います。

なお、安全にという話に関連していえば、フリーウエイトを扱う際は、セーフティーラックやバーを適切に設定して行うことが大切です。軽い重量のうちに高さを確認・調整し、安心感をもってトレーニングに取り組めるようにしておきましょう。安全につぶれて、なおかつ効果的にできる高さを設定し、安心した上で重りをつけていく。また「もう挙げられ

ない」という判断力も身に付けていくべきですし、同時に、安全に途中でやめる意識を忘れないでください。これらはフリーウエイトに取り組む上でとても大切な事柄です。

初心者が行うべき
セット法とは

　まず初心者は、「あまりテクニカルなことに走らない」ことが何よりも大切です。そのためには、第1に「フォームの習得」。第2に「自分ができる回数だけをやっていく」こと。つまり1回のトレーニングでは、正しいフォームで、自力でできる限界の重量を扱い、回を追うごとにその重量を伸ばしていくというプログラムに取り組むのがよいと思います。これは俗に〝ストレートセット〟と呼ばれる方法です。

　これを行う際に欠かせないのが、トレーニングノートへの記録です。マシンであればその名称、シートの位置や高さ、背中のパッドの位置、グリップの位置や形、挙上回数、何回目でつぶれた（挙げられなくなった）のか。ここまでをきちんと記録しておきましょう。

　そして次回のトレーニングでは、同じマシンで同じシートの位置で同じ高さで…と、前回の状況を再現します。その上で「前回は8回目でつぶれたから、今回は9回を目指そう」というように、具体的に目標を設定していくのです。そこまで細かくする理由は、トレーニング効果

を最大限引き出すためです。

　同じポジションで一定期間トレーニングを続けることは、同じ部位を同じように鍛え続けるということ。そうして1ヵ月間続けることで、例えば挙上重量が100kgから120kgに伸びていくのです。毎回ポジションが異なると、強化される筋肉も毎回変わってしまうので、基準がつくりにくいといえます。

　重量を伸ばしていく過程にある初心者だからこそ、基準としてノートを活用するのがよいと思います。私自身、今でも記録は必ずつけています。先ほどの項目以外にも「頭が痛い」「肘が気になる」など、その時々の体調や気分なども書きとめるようにしています。そうすることで、トレーニングを途中でやめた場合にも、その理由がわかるようにしておくためです。体調の記録までつけておかないと絶対にダメかといえば、そういうわけではありませんが、トレーニングを始めたばかりの初心者ならば、自分の体のことをよく知るために書くのもよいと思います。

　トレーニングを真剣に続けていると、1日に2～3個の新しい発見があるものです。始めて30年近くたつ私でもいまだにあるくらいですから、初心者ともなれば覚えておけないほどの発見があるでしょう。誰かに教えてもらったこと、隣の人の動きを見て感じたことなどを次々に記録していくと、後で見返したときに、また新たなたくさんの気づきが得られるのではないでしょうか。

まずはトライしてみる

　ストレートセットを行うなかで、ある

程度伸びを実感してきたら、いろいろなテクニックをのぞき見るのも楽しいと思います。ほかのテクニックに取り組む際も、「正しいフォームで」「自力で挙げる（自力で挙げる努力をする）」という根底は忘れないようにしてください。

　種目によっては、補助者をつけるべきものもありますが、少しの恐怖心を抱きながら集中して取り組むこともトレーニングには必要です。誰かが助けてくれることが前提では、上達しないからです。「重いものを挙げるので見ていてください」「危険なときは助けてください」とお願いするのはアリ。だけれども、最初から「助けてください」はナシです。

　とはいえ、どれだけ自力で挙げる努力をしても、なかには限界を超えられない人もいます。そういうときは、セーフティーバーを活用したりマシンを利用したりして、「もう1回」ができなかったところまでやることを推奨します。

　トレーニングテクニックには、実にさまざまなものがありますから、明らかにおかしくないものに関してはひと通り試してみる、というのもよいかもしれません。ことトレーナーに関しては、トレーニングを指導する立場として、自分で経験してみて「これはいい」「これはダメだ」とわかることも重要です。

　ただし今日だけ、つまり1回やっただけではわからないので、スパンを決めて継続してみることが大切です。上級者は1週間ほど継続してみることで、自分に合うか合わないかがわかりますが、それはそれなりにトレーニングを積み重ねてきた結果ですので、まずは1～2ヵ月ほどのスパンで取り組むのがよいかと思い

ます。

　そして、危険性がない限りは、決めたスパンでそのトレーニングをやり切ったほうがいいと思います。しかしながらなかには、ちょっとやってみただけでも直感で「これは違う」「自分には合わない」というものがあるはずです。明らかにダメだと感じるものには手を出さないようにして、どうだろうと思うものはまずトライしてみる。そして自分に合いそうならば、すぐにやめるのではなく1〜2ヵ月は継続して、効果をみていくのです。

「ほんのちょっと」の
積み重ねが大事

　まれに「初心者でも筋肉がつきやすいお勧めのテクニックはないですか？」という質問を受けますが、残念ならが特別なものなどありません。基本の種目をきちんとやる、これに尽きます。

　ストレートセットを継続することで「なんだか筋肉がついてきたな」と感じると、トレーニングが楽しくなってくるはずです。そうすると、「どのような方法で行えば、さらに体を作ることができるだろうか」と自然に考えるようになります。そのときに、トレーニング雑誌などから情報を探し出そうとするようになれば、いよいよ中級者の仲間入り、といえるのかもしれません。何でも人に聞いたり、わからないことをわからないままにしていつまでも同じことをしたりしている人は、トレーニング歴に関係なくまだまだ初心者なのだと思います。

　トレーニングテクニックという観点でいうと、例えばヘビーデューティーある

いはハイインテンシティと呼ばれる高強度・低回数トレーニングや、ハイボリュームと呼ばれる低強度・高回数トレーニングなどは、その有効性を巡る〝論争〟が、昔も今も繰り返し行われています。個人的には強度を計算できないものは好きではないので、私は長期間やることはありませんが、皆さんが何を選ぶにせよ、知っておくべきことは、トレーニングとは紙を1枚1枚積み重ねていくような作業だということです。

　前回よりも、ほんのちょっとだけでも重たいものを、ほんのちょっとだけ回数を多く、ほんのちょっとだけスムーズに持ち上げられるようになる——。この「ほんのちょっと」を積み重ねていくことで、体は作られていきます。刺激を変えるという意味で、時々テクニックを取り入れるのはよいことだと思いますが、毎回いろいろなことをしてしまうと基準がつくれず、せっかくの効果を得られなくなります。

押さえておくべき
テクニック

グリップ／スタンス

　少々上級者向けの話にはなりますが、グリップ（握り）の強さは、どこに負荷をかけたいかによって異なります。例えば、肩関節が痛い人はしっかり握ったほうがいい。握り込まないと関節に負荷がダイレクトにかかってしまうため、痛みに耐

え切れず、挙上できないからです。しっかり握ることによって腕の筋肉を使って挙げることができるため、アスリートや一般のトレーニーでもリハビリ中の場合などであれば、強く握ってしまうほうがいいのです。その反対もしかり。握りの強さは何を優先するかによって、すべての種目において変わっていくのです。

　スタンスにも、正解はありません。基本は肩幅よりやや狭めで、つま先を多少外に向けるというものですが、それよりも、自分が一番力を発揮しやすい足幅で行うことが大切です。これは熟練度や体形などによっても変わってきますから、その都度、重量を落とした上でいつもと違う足幅で行ってみることで、そのときの自分に最適なものを探すことをお勧めします。ただし、極端に狭かったり広かったりするのは、人間の体の構造上、無理が出てくるのではないかと考えています。腰幅から肩幅の間で、自分の能力と種目によってどこを鍛えたいのかを見極め、決めていくとよいでしょう。

　一例として、通常のベンチプレスについて解説します。ベンチプレスの場合、まずはグリップを定めます。そこまで個人差は大きく出ないと思います。入っていますが、そこに中指をかけるか、人さし指をかけるか、あるいは薬指をかけるかといった程度の違いで収まるはずです。現状で、81cmラインに指がかかっていない人は、すぐにグリップを見直すべきでしょう。

　あとは肘の位置や重量をのせる位置など、できる限り無駄な距離が生まれないように、余計な負担がかからないように調整していきます。それぞれが定まったら、動きを自然に行うことを意識して実施します。トレーニングだからといって不自然な動きをする必要はありません。人間の動きとして自然な動作を心がけます。

　なお、トレーニング中の視線も、トレーニングがしやすいところに向けていればよいと思います。私の場合は、ベンチプレスであればシャフトを見ていますし、

スクワットやデッドリフトであれば鏡を通してボンヤリと全身を見ています。とはいえ、それが正解ということはありません。正しく安全にできる範囲で、自由にしてよいと思います。

呼吸について

　高重量を持つ場合、動作中は呼吸しません。とはいえ、例えば10回動作を行う間、ずっと息を止めているのかというと、そういうわけではありません。スクワットを例にとると、息を吸った状態で担ぎ、しゃがんで立ち上がったら息を吐いて吸う。要は、動かしている最中は息を止めているということです。かろうじて吸うことはあっても、吐くことは絶対にしません。動作中に息を吐くのは危険だからです（あくまでも高重量の場合）。

　こういうことは、トレーニングをしていくなかで、それぞれに確立されていくものだと思います。もちろん呼吸をすることの大切さもあるので、最初は意識が必要かもしれません。それでも、正攻法のトレーニングを続けて少しずつ重量を上げていく段階においては、呼吸によって危険を感じることはそこまでないと思います。

チーティングは
アリ？　ナシ？

　〝cheat＝ごまかす〟という意味から、チーティングは使わないで行うほうがよいと考える向きもありますが、実は、チーティングを使ったほうが安全にできる種目もあります。ですから、チーティングは反動を使って行うというよりも、体を連動させて行うテクニックであるという感覚で捉えるほうがよいでしょう。

　例えば、アームカールを行う際に「あおっては（状態をのけ反らしては）ダメだ」と言う人がいます。しかし、ある程度はあおらないと重りが上がりません。とはいえ、あおりすぎてしまうと危険です。すなわち、あおりすぎないと上げられないような重量は筋肉にとっても危険なので、軽くあおれるくらいの重量が効果的といえます。このように、ある程度の安全性を保ちながらも、体をうまく連動させて動かせるようになるのが理想です。

　ベンチプレスに関しても、私の場合はベンチ台から腰を浮かせて、両足でしっかり支えたほうが、より安全にできる面はあります。そのため「腰を浮かすな」と断言するのは疑問です。その人にとって腰を浮かせたほうが安全に行えるのであれば、ＮＧにする意味はありません。チーティングは使いようなのです。

　ほとんどの人が、チーティングを教わるわけでもないのにできてしまうということは、動きとして自然だからなのだと思います。ですから、チーティングは使ってもいいのだけれども、注意すべきはやりすぎないことです。男性の場合は特に、重たいものを持ちたいという願望が強いので、重量がしっかりコントロールできていないことに気づけないことも多々あり、いきすぎたトレーニングになりがちです。それは向上心の表れではあるのですが、危険と隣り合わせでもあるので、「やりすぎ注意」と念頭におくようにしてください。

GOLD'S GYM METHOD
BASIC

ゴールドジムメソッド
ベーシック編

まずは
基本を押さえる!

トレーニングは筋肉を発達させるための手段だから、
マッチョになりたい人だけがやるもの——。
そう思っている人も少なくないのではないだろうか。
しかしそれは誤り。トレーニングは誰でも取り組めるものであり、
実にさまざまな効果を身体にもたらしてくれる。
筋量&筋力の向上から競技パフォーマンスアップ、ダイエット、
健康維持・増進まで。
さまざまな目的に応えるベーシック・トレーニングのポイントを一挙公開!

Chapter:1

胸のトレーニング

DISCUSSION

佐藤貴規 × 田代 誠

「〝教科書通り〟をベースに、経験から自分なりの変化を加える」

大胸筋

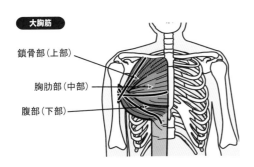

鎖骨部（上部）

胸肋部（中部）

腹部（下部）

「胸のトレーニングについて話を聞くなら」と田代さんが推挙したのが、佐藤さん。トレーニングに試行錯誤したであろうこと、トレーニング自体が上手であることがその理由だが、ここでは田代さんが容赦なく質問攻めに！そこには、得意でないゆえの工夫や努力が垣間見えた。

得意じゃないからこそ
考え、工夫する

——胸のトレーニングについて話を聞く
なら……ということで、佐藤さんを推薦
された理由を教えてください。

田代 人によって、もともと大きかった
り筋肉がつきやすかったりする部位があ
ります。得意な部位のトレーニングにつ
いての話を聞くのも悪くはないのですが、
大抵はあまり深く考えないでトレーニン
グをしているものです。そうしたときに、
佐藤君はもともと胸が長所だったわけで
はない……よね？

佐藤 そうですね。

田代 けれども試行錯誤して大きくした
わけです。おそらくいろいろと考え、工
夫しながらトレーニングを進めてきたの
ではないかと思います。そういう意味で、
トレーニーの参考になることがあるので
はないかと考えました。あとは、長く一
緒にトレーニングをしてきたなかで、非
常にトレーニングが上手だと感じたこと
も、理由の1つです。

佐藤 私のなかでも、胸は弱点とまでは
いきませんが、さほど得意ではない部位
であるという意識がありますし、今も完
全に克服できたとは思っていません。ど
うしても見劣りする部分はあると思って
トレーニングしています。

田代 それについては、肩幅の問題もあ
ります。私は肩幅が狭く、佐藤君は広い。
そうすると、筋の長さや面積を考えたと
きに、見た目には差があるように思える
かもしれませんが、実際にはわからない
ものです。ただ、佐藤君のトレーニング
を見ていると、とても丁寧でありながら、
ある程度の重量で行っていますから、力
はあると感じます。胸に限った話ではな
いですが、佐藤君の一番の長所は筋密度
の高さでしょう。大きいけれどもキレて
いない、脂肪や水がのっているようなハー
ド感のないボディビルダーは意外に多
いですが、佐藤君の場合はそういうこと
もなく、非常にハードな仕上がりです。

成長の停滞期を機に
変えたトレーニング方法

——筋肉の密度感をつくるために、何か
工夫されていますか？

佐藤 トレーニングのやり方が重要だと
考えています。扱う重量がどのくらいか
ではなく、筋肉にしっかり負荷がかかっ
ているか、筋肉を動かしてダンベルを上
げ下げできているか、といったことをき
ちんと意識してできていると、筋密度も
高まるのではないでしょうか。私はどち
らかというと、例えば「3秒で下ろして
3秒で挙げる」というような教科書通り
のトレーニングから始めました。その方
法で扱う重量が増やせているので、それ

ベンチプレスを1種目目にもってくる人には2種類のタイプがいる

が結果的に筋密度を維持しながら筋量を増やせている理由ではないか、というのは感覚的にあります。ただし、基本に忠実にやっているだけでは、どこかで頭打ちになってしまうので、現在はトレーニングの方法も多少変化してきています。

田代 私は、やり方や、やる内容を日によって変えることはあまりしないのですが、彼の場合は1回1回やり方が微妙に違ったり、回数が違ったりします。ベースの部分は守りながら、体調なのか、あるいは気分なのか、何を基準にしているかはわかりませんが、そのつど変化を加えていると感じます。そのあたりは本人でなければわからない部分でもありますから、いうなれば本当のテクニックですよね。熟練した人間でなければ出てこない答えだと思います。

――トレーニング方法が変わったのは、いつ頃からですか?

佐藤 胸に関しては、毎回ベンチプレスをやっても、重量も回数も増えない停滞期みたいなものを経験してからです。加えてケガも結構多かったので、まずはケガをすることなくコンスタントにトレーニングを継続したいと思ったときに、同じ種目や同じ動作ばかり続けていては、同じ部位に負担がかかる。それを避けるためには種目を変えたほうがいいだろう、ということで始めました。もちろん、筋肉の成長のためには新たな刺激が一番大事だということもあります。

田代 変化を加えるのは1種目目から?

佐藤 1種目目は必ず変えますね。ベンチプレスにしてもスクワットにしても、どうしてもやりたいときや、一番いい状態でやりたいときには、1種目目に固定

して続けることもありますが、それは自分の欲求を満たすためであって、筋肉の成長のためには変えたほうがいいと考えています。

田代 胸で言うとどんな感じ?

佐藤 1種目目はベンチプレスかダンベルプレス、あるいはマシンのチェストプレスなどをローテーションさせます。

田代 真ん中(中部)から始めるのは変わらない?

佐藤 そこは変わらないですね。

田代 そのあとはインクライン(上部)に移る?

佐藤 私はデクライン(下部)です。

田代 そこは教科書通りですね。通常、中部の後は上部に移行し、そして下部、という方が多いのですが、基本は中部をやったら下部にいって、それから上部です。佐藤君はベースを守ってやっているのですね。

「下部はディップスで」 その理由とは?

――胸のどこからトレーニングするのかは、何によって決めますか?

田代 どこを鍛えたいかによります。特に胸は得意・不得意が一番見えるところなので、誰もが改善したいし、大きくしたいと思う部位ですからね。それに、普通にベンチプレスをやっていても、上部に効きやすい人もいれば、下部に効く人もいますから。

――効かせたいところからやる、というのがセオリーになりますか?

田代 やはりフレッシュな状態で、自分が最も強化したいところを鍛えることに

なります。ベンチプレスを1種目目にもってくる人には2種類のタイプがいます。1つは「胸＝ベンチプレス」という固定観念にとらわれてしまっているタイプ。特に理由はないけれどもベンチプレスが1種目目、という人ですね。もう1つは、上部・中部・下部のどこが弱点というよりは、全体的に胸を大きくしたいタイプ。こちらは目的をもってベンチプレスから始める人です。佐藤君は後者だと思います。仮に、下部が弱いと思っているなら、彼の性格上、下からやるのではないでしょうか。

佐藤 そうですね。

田代 下部はどんな種目をやる？

佐藤 ディップスとかですね。デクラインプレスはやらないです。たまに、ベンチの一端に1枚だけプレートをかませて、デクライン〝気味〟にやることはあります

が。

田代 初心者の方がよくディップスをやるのですが、本来は超上級者向けの種目です。上体の角度のコントロールが難しいですから。それに重量設定も難しい。負荷を高めるためには、腰にプレートをぶら下げなければなりません。そうなるとなおさら、身体の角度によって鍛えられるところが変わってきます。

——田代さんは、ディップスはやらないのですか？

田代 やらないですね。テクニックを使えばいくらでもできてしまうので、「いつ終わるのだろう……？」と思ってしまいます。それに、筋量が伸びたのか伸びていないのか、本当に効いているのかどうかがよくわからないというのもあります。

——佐藤さんが、下部の種目としてディップスをチョイスする理由は？

佐藤 コツをつかむことができたから、というのが一番大きいと思います。確かに難しい種目なのですが、1度コツをつかめればそんなに難しい種目ではなくなります。それから、デクラインのベンチプレスはラックアップが大変だったり、マシンにしても下から負荷がかかるので身体が上に持ち上げられてしまったり、体幹の維持が大変だったり……。そういったトレーニング以外のストレスもあるなかでディップスは、私にとっては最も胸を意識しやすい種目です。

そのつど加える変化は本人にしかわからない、いうなれば本当のテクニック。熟練した人間でなければ出てこない。(田代)

丁寧な動作を心がけ
狙いの筋肉に効かせる

——トレーニーの方々は、佐藤さんのどういうところを見習うといいでしょう。

田代 トレーニングが丁寧なところです。動作が全くブレることなく、とても上手です。あとは先ほども話したように「重量を上げたい」という欲求はあるでしょうが、筋肉に対する刺激を無視してまで上げたい、というふうには考えていない気がします。ですからケガは少ないのではないでしょうか。

佐藤 そうですね。トレーニングができなくなるほどのケガというのは、まずないですね。

——胸のトレーニングで、一般のトレーニーが陥りやすい誤りはありますか？

田代 基本的な部分で、胸を張らずに肩で上げてしまうというのが1つ。それから動作が曖昧、つまりどこからどこまでやるのか、動作の範囲を決めていないことでしょうか。ベンチプレスだと特にわかりやすいです。通常は胸にバーを当ててから腕を伸ばすところまでが動作範囲になりますが、胸にバーを当てる前に止めてしまったり、腕を伸ばし切らなかったり。それでも構わないのですが、リズムがつくれないし、動作そのものも不安定ですから、トレーニングとしてはうまいとはいえません。

——「佐藤さんのトレーニングは丁寧」というのは、そういった点においても当てはまりますか？

田代 そうですね。胸のトレーニングは、やはり体幹をしっかり固定して胸を張ることができているかどうかがポイントになります。最初のうちは、どちらかというと肩で上げるような形になってしまいがちです。

佐藤 だからケガをしてしまうのでしょうね。

田代 その代わり、肩は大きくなります。胸のトレーニングなのですけどね（笑）。とはいえ、胸のトレーニングで肩ばかり大きくなって、肝心の胸はペラペラのまま……というのは、多くの方が通る道だと思います。トレーニングがうまくなってくれば、きちんと胸に効かせられるようになるでしょう。

ベンチプレスで停滞期を経験してからは、
ケガ予防や新たな刺激の追求から、
そのつど微妙な変化を加えるようになった。（佐藤）

バーベルベンチプレス

肩甲骨は
寄せすぎない

TARGET | 大胸筋中部 |

ラックとセットポジションとの距離

ラックとセットポジションとの距離が遠すぎると、肩を傷める原因になったり、バーベルをラックから外すときとセットポジションとで手首の角度が違いすぎてしまったりする。動作に支障がない範囲で、なるべくラックに近い位置で動作を行うのが基本。ただし、ラックに近すぎてしまうと、バーベルがラックに当たってしまうので注意する。

バーベルを下ろす位置

「バーを下ろしきったところが、肩に対するストレスが一番大きいので、下ろしきって再び挙げるという切り替えでは、わざとバウンドさせて肩に負荷がかからないようにしてから上げます」

肩甲骨の位置と姿勢安定性

「私は、肩甲骨をあまり寄せすぎないようにしています。肩甲骨を寄せると、ベンチとの接地面が逆三角形になり、肩甲骨をさほど寄せない場合に比べて接地面が狭くなるからです。当然、接地面が広いほうが姿勢は安定するので、トレーニングのやりやすさからいっても、無理やり寄せすぎないように意識します」
（佐藤）

手首の角度

使用重量が重くなってきたときに一番重要なのが、ケガをしないこと。ケガ予防の1つとして、手首が適切な角度かどうかが大切になる。ただし、バーベルをラックから外すときではなく、バーベルを上げ下げする場所にセットしたときに適切な角度でなければならない。ラックから外す段階で角度を調節してしまうと、セットポジションでは結果的に手首が反りすぎてしまう。そのため、セットポジションでの手首の角度を想像しながら外すようにしたい。

手幅

撮影で使用しているイヴァンコ製のシャフトは、幅81cmのところにラインがある。親指以外の4本(人さし指・中指・薬指・小指)のいずれかが、そのラインにかかっているのがよい。ラインよりも内側を持つとクローズドグリップ

ベンチプレスとなり、胸ではなく上腕に刺激が入る。また、ラインの外側を握ると、ラックとバーベルで指を挟んでしまう危険がある。シャフトに目安となるラインがない場合は、ベンチに横になり胸を張った姿勢で、両肘がともに90度になる位置を目安にする。

お尻を完全に浮かせる

シャフトを握ってから、足に力を入れてお尻を少しだけ浮かせる。その状態で、首ではなく僧帽筋で支える形になると、身体が浮くので肩甲骨を寄せやすくなる(=胸を張ったまま動作が行える)。

手首を立てる

「通常は手首がもう少し寝るのですが、私は手首をより立てた状態で行います。胸のプレス系種目の場合、バーベルやダンベルを親指・人さし指・中指の3本でしっかり持たなければなりません。それをより強調したいという意図からです。よく、小指側にのせて握っている方がいますが、それでは胸にあまり刺激が入りません。小指は添え物、巻いておくだけという意識でいいでしょう」(田代)

ダンベルベンチプレス

スタート姿勢の
作り方も重要!

TARGET | 大胸筋中部 |

セットのテクニック（オン・ザ・ニー・テクニック）

ダンベルベンチプレスは、トレーニングを開始する姿勢になる（セットする）までにテクニックが必要。ベンチの片端に座り、膝の上にダンベルをのせた状態のまま、体幹をうまく使いながら勢いをつけてベンチに寝て、両腕を伸ばす。起き上がるときも、寝た姿勢のままダンベルを床に置かない。ベンチに足を上げて膝を立て、遠心力を利用して膝にダンベルをのせ、そのまま起き上がる。

「安全に寝る、あるいは安全に起きるためのテクニックは、訓練あるのみです。軽い重量のものから練習していくしかありません。これができるようになれば、高重量のダンベルが扱えるようになります」（田代）

グリップ

「私の場合は、動作中の肩へのストレスを軽減し、ケガを防止するために"ハの字"に構えます」（佐藤）

深さや絞りは自由に調整

ダンベルのいい点は、深さ（どこまで下げるのか）や絞り（どこまで上げるのか）を調整できること。両手がバラバラに動く分、バーベルに比べると難しさはあるかもしれないが、一度コツをつかむことができれば、関節にかかる負担などの面で、安全性は高いといえる。ダンベルの軌道によって、ダンベルフライの要素も若干加わる

（次項参照）。

「肩甲骨を動かしやすいので、バーベルベンチプレスよりも可動域を少し広く稼ぐような形で実施しています」（佐藤）

ダンベルプレスと
ダンベルフライ

【ダンベルプレス】

【ダンベルフライ】

三角形か、円軌道か

ダンベルプレスの場合は、直線的な軌道となる。三角形を描くようにもってくるイメージ。一方、ダンベルフライの場合は、円を描くような軌道となる。肘が円を描くようにもってくるイメージ。どちらがより効果的かは人それぞれのため、好きなほうを行うので構わない。

チェストプレス

TARGET | 大胸筋中部 |

グリップの高さ | 上腕が水平にならないように角度をつけ、写真くらいの高さにグリップがくるようにする。

深さ

マシンによって、アームの
位置を調整するもの（写
真A）と、シートの位置を
調整するものとがある。な
かにはアームもシートも調
整できないマシンもあるの

で、その場合や、アームやシートを調整した上でさらに深さを出し
たいときは、パッドを置いて深さを調整することもある（写真B）。
「私は収縮をしっかり意識するのを目的としていること、そして肩
関節の負担をできるだけ軽くしたいということから、浅めに設定
し、パーシャルレンジで行うようにしています」（佐藤）

デクライン
チェストプレス

TARGET | 大胸筋下部 |

上体の角度

チェストプレスマシンを使用する際に、浅く座って上体の角度を変えることにより、刺激が入る場所を変えている。

「マシンの構造上や、身体が固定できないことから、通常のマシンでデクラインプレスはできますが、インクラインプレスは難しいといえます。逆にいえば、デクラインは『チェストプレス』と名のつくマシンであればどれでも、上体の角度を調整することで効かせることができます」（田代）

ケーブルクロスオーバー

伸ばし過ぎには注意!

TARGET | 大胸筋中部~下部 |

ケーブルの位置

ケーブルの引き出し口（プーリー）の位置が変更可能な場合、どの角度からスタートするのか（肩の角度）によっても刺激の入り方が変わる。引き出し口の位置が高すぎると、終盤で負荷が抜けてしまうので、実施者の身長に応じて調節すること。

腕を広げすぎない

肩や肘を傷めないためにも、ストレッチがかかったスタートポジションではあまり腕を広げすぎず、伸ばしすぎない。若干余裕をもたせるのがコツ。収縮感を味わいたいのなら、収縮時に腕を伸ばすとよい。軽い重量でなければできないが、これもテクニックの1つ。

上体の角度

次項のディップス同様、接触面は手のみであるため、考え方1つでいろいろなところが鍛えられる。上体の角度を変えることによって、基本的には上部から下部までまんべんなく刺激を入れられる。

ディップス　TARGET | 大胸筋下部 |

上体の角度

大胸筋下部をターゲットとするため、上体をやや前傾させて行うが、体幹に力を入れておかないといい姿勢がとれないため、目的である胸以外にも意識すべき場所が出てくる。そのため、姿勢を保つのがなかなか難しい。負荷がうまくのるのはどこなのかを探しながら行おう。

「ディップスは、"フリーウェイトのなかのフリーウェイト"といえます。手のみで支えて（器具に接触して）いるため、接触面の少なさからいえば、微妙なコントロールが利くので自由度は高いですが、トレーニング自体の難易度は高くなります」（田代）

重心のとり方

上体をやや前傾させた姿勢を維持するために、下半身（脚）を後ろに反らせた状態にしたり、もしくは後ろに立った人に足を持ってもらったり、後方にある何かに引っかけたりすることがある。佐藤さんの場合は脚でバランスを取るため、後方に反らさない。

グリップ

身体が上にあるとき（収縮時）はグリップの内側に、身体を下ろしたとき（ストレッチ時）はグリップの外側に力をかける。こうすることで、少しでも可動域を広げることが可能。肘を開いたり脇を閉じたりすることなく、可動域のとれたトレーニングができる。

どこまで下ろすか

「私の場合は、チェストプレス同様ディップスも収縮を重視するので、あまり下まで身体を下ろしすぎないようにしつつ、動作の最後（腕を伸ばしたとき）にはギュッと絞るようなイメージで行います」（佐藤）

インクライン バーベルベンチプレス

TARGET ｜ 大胸筋上部 ｜

上体（インクラインベンチ）の角度

大胸筋上部に効かせたいという意識が強いからか、角度がキツいことが多い。角度がキツくなると肩に入ってしまうので、実際には浅め、30度くらいで行うのがちょうどいい。
「私にとっては、30度でもキツいかな……という感じなので、デクラインチェストプレスのときのように浅めに座ることで、さらに角度を調整しています」（佐藤）

バーベルを下ろす高さ

基本的なテクニックはベンチプレスと一緒だが、インクラインベンチプレスの場合はバーベルを完全に下ろさない（胸につけない）というトレーニーが多い。胸まで下ろそうとすると肩を傷めてしまう恐れがあるので、直前で止めたり、人によっては下ろす位置の目安としてシャフトにタオルやパッドを巻いたりすることもある。

スミスマシンでの インクラインベンチプレス

TARGET | 大胸筋上部 |

筋肉の左右バランス

バーベルがレールに固定されているため安全に実施できるが、フリーウエイトではない分、究極的には片手で挙げることもできてしまう。それによって、自分では両手で均等に扱えているつもりでも利き腕の力が主に働くなどして、筋肉の左右バランスが悪くなることがあるので注意。

ベンチの位置の調整

スミスマシンはバーベルの軌道が決まっているため、ベンチの設置位置が一番重要になる。そのつど調整するのが大変なことから、床に設置目印となるラインが引いてあることもあるが、佐藤さんの場合はベンチに対してバーベルが直角になっているかどうかを確認して調整する。

41

インクライン
ダンベルベンチプレス

TARGET | 大胸筋上部 |

アジャスタブルベンチの角度

アジャスタブルベンチは角度をさまざまに設定できる。どの角度で実施するのかは自由なので、個々のしっくりくるところで、そしてフォーカスしたいところで実施する。思っているほど急角度でなくても、大胸筋上部に刺激は入る。むしろ、上部を鍛えているつもりでも肩に入ってしまっている人は意外に多いので気をつけたい。

インクラインプレス

この角度でも
大胸筋上部に入る!

TARGET | 大胸筋上部 |

上体の角度

バーベルやダンベルでのインクラインベンチプレスで、ベンチの角度が思うほど必要ないということを証明しているのが、インクラインマシン。パッと見た感じはわからない程度の角度しかついていないが、それでもきちんと上部に入る。

Chapter:2

脚のトレーニング

DISCUSSION

田代誠 × 鈴木雅

脚は筋量が多く、トレーニングが非常にキツいことから、多くのトレーニーが敬遠しがちな部位だ。脚といえば、やっぱりこの方！田代さんが「世界一の脚」と称する鈴木さんに、脚トレの極意について話していただいた

「脚の成長にも、精神の鍛練にもスクワットは必要不可欠」

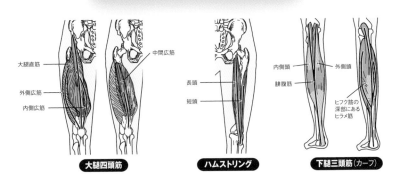

大腿直筋
外側広筋
内側広筋
中間広筋

大腿四頭筋

長頭
短頭

ハムストリング

内側頭
腓腹筋
外側頭
ヒフク筋の深部にあるヒラメ筋

下腿三頭筋（カーフ）

脚のトレーニングは、
簡単だけれど難しい

鈴木 脚はトレーニングのなかでも非常にキツいといわれる部位ですが、同時に、やればやっただけ結果が出るところだと思います。私が大事にしているのは、トレーニング全般においてもそうですが、自分に合ったフォームで、つまり強度よりも動作を重視して行うことです。筋肉のつき方などによってフォームは人それぞれ違います。そして、動作の違いによって効き方も違ってきます。ですから、自分の軌道に合ったマシンをチョイスしていくことになります。私の場合、スクワットやレッグプレスは自分のやりやすい方法で行い、そのほかの種目で、スクワットやレッグプレスではうまく効かせきれなかった部分を補います。

田代 脚のトレーニングは、簡単だけれども難しいという矛盾したところがあります。例えば上半身のトレーニングは胸、背中、肩……とパートごとに分けても、脚は1回でやる方が多いと思います。なぜなら、1つのトレーニングで複数の筋肉を動員するからです。いい換えれば、技術がないとなかなか効かせ分けられないのですね。ところが、脚の筋量は非常に大きいので、鍛える際にはやはり分けたほうがいい。動作ができていれば、脚全体が鍛えられる簡単さはあるのですが、細かく分けていくときには技術がいる——簡単だけれども難しい、というのはそういうことです。

——では、脚のトレーニングはどのように実施するのがいいのでしょうか？

田代 第1段階では、とにかく正しいフォームできっちり重量を追い求めていく、そしてケガをしないように安全な形でやっていくことです。ただし、それだけでは細かい部分の発達がないので、次の段階として、鈴木君が言ったように筋肉のつき方や自分に合った動作に応じて、分けて鍛えていくのがいいでしょう。むしろその意識がなければ脚は発達しないと思います。単純な筋量だけでいえば、脚の前、脚の後ろ、カーフと3つに分けてもいいくらいです。連動して使われるので実際に3分割することはありませんが、せめて前と後ろとの2分割にはしてもいいという気はします。

——お二人は普段、脚のトレーニングを分けていますか？

鈴木 私は、今は分けずにやっています。コンテストに出るようになって2〜3年目、ハムストリングが弱点だった頃は分けていたのですが、効果が出ませんでした。週に2回、脚のトレーニングが入ってくるため、脚の後ろをやった3〜4日後には、今度は脚の前が回ってくるわけですが、スクワットをやると、ハムストリングや臀部の出力が小さくなってしまいバランスが取りづらかったのです。また、脚の前の筋肉痛が残っている段階で後ろのトレーニングが回ってくると、大腿四頭筋が硬くなっていて、レッグカールでハムストリングの収縮が十分にできないこともありました。そうしたことから、時間はかかっても1日でやり切ることにしました。私にはそのほうが合っていると感じますね。

田代 私は分けています。トレーニングが大好きなので(笑)、1回のトレーニングでいろいろな種目をやりたいのですね。

鈴木さんの脚に憧れ、細かなテクニックをまねるトレーニーも多い

でも、やりたいことを全部やろうとすると、前と後ろを1度にやったら軽く3〜4時間かかってしまうので、分けてやるようにしています。

——トレーニーに勧めるとしたら？

田代 それは人によります。もしトレーニングが週に4回しかできない人が脚のトレーニングを2回に分けたら、残りの2回で上半身のトレーニングをやらないといけません。それはちょっと厳しいですよね。自分の生活パターンを踏まえて、トレーニング頻度が週3〜4回なのであれば、1日で済ませるプログラムがいいと思います。一方で、週に5〜6回トレーニングできるのなら、2回に分けてもいいでしょう。

無意識的だったものを
意識的なものに変えていく

——鈴木さんは、トレーニングに関しては独学で学ばれたのですか？

鈴木 教えてもらったことはあまりないですね。やはり毎年コンテストに出ていると、必ず「ここが足りない」という反省点が出てきますから、それによってア

プローチの仕方を変えていきます。ただし、感覚的にやってしまうと〝当てずっぽう〟になってしまうので、解剖学や動作などの知識をきちんと理解した上で変えていくことが大事です。

田代 解剖学がわかっていないと、トレーニングの根拠が示せません。そのフォームでいいのか悪いのかといったときに、「なんとなくいい」では、言われたほうも釈然としない。もちろん、感覚的によかったり悪かったりすることはあるのですが、解剖学を理解した上でトレーニングを突き詰めていけるといいですね。自分の身体づくりに関わることですから学ぶことが苦ではないでしょうし、すぐに覚えられると思います。それに、主要な筋肉はそこまで多くないですし、細かなことまで覚える必要はないのですから、せめて「この筋肉は大体この辺りからこういうふうについている」ということだけでもわかっていると違うと思います。その上で、「その人なりの」フォームを大事にする、と。

——その人に合ったフォームがどのようなものか、認識するためのポイントがあると思うのですが、鈴木さんはトレーナーの立場からどのようにアドバイスされますか？

鈴木 トレーニングをやり込んでいくしかないですね。そして、自分がどういう動きをしているのか、その動きだとどこに効いているのかを感じる。つまり、これまでは無意識的だったものを意識的なものに変えていかないと難しいと思いま

スクワットがうまくできる人は、
レッグエクステンションにせよレッグプレスにせよ、
脚の種目といわれるものはすべてうまくできる。(田代)

す。自分を客観的に理解して初めて、どこが足りないのかを認識できます。自分の身体を客観的に見られなければ、弱点部位の改善はできませんし、それだけ伸びしろは少なくなるはずです。

スクワット=メイン、
とは限らない

——「脚といえばスクワット」という方も多いと思います。スクワットに関しては、どのように考えていますか?

鈴木　やはり王道種目です。ただ、ケガのリスクは大きい。ですから、長年トレーニングをやり込んだ方で、ケガのリスクを防ぎたいという場合には、メニューの後ろのほうにもってきたり、違う種目で代用したりしてもいいと思います。た

だ、なかにはトレーニング歴がさほど長くない方で、特に理由もなく、はなからスクワットを省く方もいます。そういう方は、キツい種目は全般的にやらない傾向にあるのですが、それではトレーニングをやる上で精神面が弱点になるでしょうね。それから先述の通り、スクワットをやる人とやらない人とでは、横から見たときの脚の厚みが違います。そういう意味では、スクワットでなくても、フリーウェイトで深くしゃがむ動作は重要といえます。

田代　我々くらいの世代だと、若い頃はマシンといってもレッグエクステンションくらいしかなかったですから「脚のトレーニング=スクワット」という感覚があります。とはいえ、今ではマシンの種類も多岐にわたっているので、超初心者に関しては脚のトレーニングの感覚をつかんでもらうという意味で、マシントレーニングでいいと思います。ただし、その段階をクリアしたならスクワットにチャレンジすべきですね。いってしまえば、スクワットがうまくできる人は、レッグエクステンションにしてもレッグプレスにしても、俗にいう脚の種目といわれるものはすべてうまくできますから。

——お二人とも、スクワットはフルで行われますか?

田代　それについても「自分なりの」フルスクワットです。競技ではなくあくまでトレーニングですから、自分の一番深

いところでいいと思います。無理に深くしゃがもうとするのはむしろ、自分のことがよくわかっていないという表れです。

鈴木 僕は、深くしゃがまないと気が済まないタイプです(苦笑)。ただ、田代さんが言ったように、人によっては柔軟性が低い場合もありますし、高重量を挙げたいという狙いからパーシャル気味になることもありますから、個々の身体の特徴や目的に応じて決めるのがいいと思います。でも、「絶対フルスクワットじゃなきゃダメ!」という方も多いですよね?

田代 そうだね。明らかに「それはあなたの一番深いところじゃないですよね?」という方も多いけど(笑)。

鈴木 なるべくフルでやったほうが、可動域が広い分、しっかり筋肉が収縮して刺激も強くなり、効果はあると思います。

——スクワットを入れるタイミングは?

田代 私はやるとしたら最後ですね。やらないときもあります。スクワットは微妙な種目で、脚の前と後ろ、どっちの種目? というところがあります。両方が鍛えられるので、私のように前後で分ける場合には、スタンダードなフォームでやると分けることができないのです。そのため、脚前の日にもってくるスクワットは前に効かせるようなものにしています。その代わり、最後の種目であることも含め、そこまで高重量は扱えません。

鈴木 私は4〜5種目目くらいです。以前に比べ、スクワットやレッグプレスをメインにもってくると、痛みが出ることが増えたため、細かい部分をしっかりやってからスクワットやレッグプレスをやるようになりました。今は大体、インナーサイとアウターサイをやって、レッグエクステンション、レッグプレス、スミスマシンでのスクワットと続けて、その後にスクワットを入れています。

田代 スクワットって、ものすごくモチベーションを上げないといけないし、1種目目だとまだ身体が慣れていないというのもあるからか、どこか恐怖心がある。それが4〜5種目目とか最後にもってくると、不思議と消えているんです。扱っている重量はさほど変わらないのですが、アップも短く済むし、恐怖心もなくスッと入れます。

スクワットは、やはり王道種目。特に理由もなくスクワットをやらない人は、トレーニングをやる上で精神面が弱点になる。(鈴木)

スクワット

大臀筋、ハムストリング、大腿四頭筋

股関節をしっかり動かす

スクワットとハックスクワットの一番の違いは、股関節が優先的に使われるか、膝関節が優先的に使われるか。スクワットの場合は、股関節を使ってしっかりとしゃがむようにする。そのためには、上体を少しだけ前傾させた姿勢を保てるとよい。

バーの軌道

身体に対して、バーが前に行きすぎたり、後ろに行きすぎたりしないようにする。おおよそ身体の真ん中をバーが通るようなイメージ。
「体幹がしっかり機能していないと、重りを担いだときに上体が丸まってしまいます。上体で重量を支えるのではなく、重心をおへそ辺りにもってきてしっかり支えることが大切です」（鈴木）

リストラップ

写真では着用していないがスクワット実施時、特に使用重量が重くなってきたときには、リストラップを巻いたほうがいい。重りを担いだときに手首を反らす形になり、手首を傷めてしまう人は意外に多い。

視線

まっすぐだが若干下に向ける。鏡との距離にもよるが、鏡に映った自分の脚を見るようにすると、若干視線が下がる。
「顔をまっすぐ前に向けることで股関節から動かせ、臀部をしっかり後ろに引くことができます。下を向く（アゴを引く）と、『頚反射』によって身体の前面の筋肉を優先的に使うことになり、若干重心が前にかかった形で動作することになります。反対に上を向く（アゴを上げる）と、身体が反りすぎてしまって体幹がうまく使えないので気をつけてください」（鈴木）

バーをセットする高さ

パワーラックにバーをセットする際
は、肩の高さに。

足幅

バーを担ぐ位置

肩甲骨を寄せ、僧帽筋と三角筋の溝にのせる。ま
ずはこの位置にのせられるようにしておくことが大
切。僧帽筋の柔軟性がないと、これよりも上にの
せがちになるが、最後の追い込みの段階で背中
が寝てしまったときにバーと腰との距離が離れてし
まい、腰に負担がかかり傷める恐れがある。
「肩関節が硬い方もいるので、長いトレーニング人
生を考えれば、まずは軽い重量で担ぐ練習から始
めることをお勧めします」（田代）

腰幅くらい。足幅が広すぎると股関節に負担が
かかるので注意。逆に、狭すぎると膝が優先的
に動き、大腿前面にばかり効くことになる。

田代さんver. バーを担ぐ位置と上体の角度

「私は2種類の方法で実施しています。
1つはスタンダードのスクワット（左写
真）。上体を若干前傾させて、股関節か
ら動かしていく形です。もう1つは、バー
を通常よりも少し上に担ぎ、上体を極力
立てる形（右写真）。スタートは膝から動
かしますが、最終形は通常と同じような
形になります。後者は関節が軟らかくな
いとできないため、深くしゃがめない人も
いると思いますので、しゃがめるところま
ででOKです」（田代）

ハックスクワット

TARGET｜大腿四頭筋、大臀筋、ハムストリング｜

膝関節をしっかり動かす

膝関節をしっかり動かす
上体がまっすぐに立った状態のため、膝から動かしてしゃがむ動作となる。大腿四頭筋がメインターゲットとなる。

足を置く位置

フットプレートの上側（つま先側）に置けば、かかとに重心がきやすいので太ももの後面に、下側（かかと側）に置けば膝から動かしやすくなるので太ももの前面に、それぞれ刺激が入

りやすい。ただし、上側に足を置くと腰が浮いてしまう人もいる。そうすると、骨盤が丸まって臀部が浮いてしまい、腰に負担がかかる恐れがあるため、なるべく腰が浮かない位置に調整するのがよい。

骨盤の傾き

足を置く位置にも関連してくるが、しゃがみ切った最終局面で骨盤が丸まる（後傾する）と負荷が抜け、刺激が逃げてしまう。スクワットの場合も同様で、しゃがみ込むのは骨盤の傾きが変わらない位置までにする。

足幅

腰幅（写真A）にすると大腿四頭筋全体に効かせることができる。ただし、写真Bのように脚を閉じると重心が外側にく

るため外側広筋に、写真Cのように足幅を広めにすると重心が内側にくるため内側広筋や内転筋に刺激が入りやすい。同じ足幅、同じフォームでも重心位置によって刺激の入る位置が変わることはあるが、足幅を調整することで、さほど考えなくても効かせやすくなるといえる。

「膝の形にもよりますが、足を閉じてさらにつま先を揃えると、膝頭の外側に刺激が入ります。私が普段やるときは膝頭よりももう少し上を狙いたいので、若干つま先を開きます。そうするとしゃがんだときに少しだけ股関節が割れるような形になるので、同じ外側広筋でも股関節に近いほうに効かせられます」（鈴木）

レッグプレス

TARGET | **ハムストリング、大臀筋、大腿四頭筋** |

ハックスクワットとの違い

「レッグプレスはハックスクワットとよく似ていますが、レッグプレスは開始姿勢で股関節を屈曲させている点が違います。股関節を屈曲した状態で膝を曲げ伸ばしする形なので、ハックスクワットよりは比較的、後面に効きやすいといえるでしょう」(鈴木)

足を置く位置

フットプレートの上側(つま先側)に置けばかかとに重心がきやすいので太ももの後面に、下側(かかと側)に置けば膝から動かしやすくなるので太ももの前面に、それぞれ刺激が入りやすい。ただし、上側に足を置くと骨盤が後傾して臀部が浮いてしまい、ハムストリングへの刺激が抜けてしまうため、臀部をしっかりシートにつけた状態で行う。

足幅

ハックスクワットと同様、足幅を狭くする(写真A)と重心が外側にくるため外側広筋に、足幅を広めにする(写真B)と重心が内側にくるため内側広筋や内転筋に刺激が入りやすい。

デッドリフト

TARGET | 大臀筋、ハムストリング |

膝は緩める

膝を伸ばしてしまうとハムストリングに入ってしまうので、臀部をターゲットとする場合は緩めるようにする。

股関節から動かす

上体を下ろす（腰を折る）のではなく、股関節を曲げていくこと。頭から臀部までは一直線にして、身体をかぶせるイメージで行う。

グリップ

バーを強く握ってしまうと、僧帽筋をはじめとしたバーを持つ腕の力が働いてしまうので、優しく持つ。

足幅

肩幅から腰幅で行う。足幅が狭いとハムストリングに入ってしまうので、臀部に効かせるためには、お尻で重量を支えられる幅にすることが大切。

ランジ

TARGET | 大臀筋、ハムストリング、大腿四頭筋

**股関節から
しっかり曲げる** | 鈴木選手の場合は臀部からハムストリングにかけて、つまり後面に効かせることを狙うため、股関節からしっかり曲げて臀部を落としていくイメージで行っている。

足を前に踏み出さない

ランジは通常、前後左右に足を1歩踏み出すものだが、最初からどちらか一方の足を踏み出した状態にしておき、腰を落とすようにする。足を踏み出して行うランジだと膝から折れてしまうため、臀部やハムストリングよりも大腿四頭筋に刺激が入りやすい。また、重いものを持っていると安定性に欠けてしまうことも多く、正確に踏み込めないと膝を傷める恐れがある。最近では、より安定した状態で動作を行うためにスミスマシンを用いて行うケースも多い。

「私がランジをやろうと思ったのは、臀部が弱かったからです。ランジの重量が伸びてくることで、スクワットの重量も伸びました。というこ

とは、スクワットでもしっかり臀部を使えているということなので、そろそろやらなくてもいいのかなと思ってはいるのですが、やめるのって勇気がいるんですよね(苦笑)。なので、今も続けています」(鈴木)

「一時期『スクワットは高重量で浅めに』という風潮になったことがありました。ただ、それでは臀部に刺激が入らないので、プラスでランジを行っていたのですね。それが10年くらい前から『きちんとフルスクワットをやれば、別にランジはやらなくてもいいのではないか』という考えに変わってきて、ランジをやる人が少なくなりました。ところが現在はまた、ランジをやる人が増えています。それは鈴木君の影響ではないかな、と」(田代)

レッグエクステンション

TARGET | 大腿四頭筋 |

内側広筋&
外側広筋狙いか、
大腿直筋狙いか

上体はまっすぐに

上体が丸まりすぎてしまうと膝頭に負担がかかりやすくなるので、まっすぐな姿勢を保ちながら行う。

フィニッシュで足の裏を正面

膝を伸ばし切ったところで足の裏を正面に見せるようにすると、より筋の収縮が強くなる。ただし、常に足首の角度を意識しすぎてしまうと下腿前面にある前脛骨筋が働いてしまうので、最終局面のみ意識すればよい。

膝から動かすパターン

座位で膝の屈伸を行う場合、身体構造上、大腿骨の上部に付着している内側広筋や外側広筋に効く形になる

股関節から動かすパターン

臀部をシートから浮かして股関節が伸びた状態から、股関節の屈曲を伴うようにして行うと、股関節をまたいで骨盤に付着している大腿直筋に効く形になる。

ライイング・レッグカール

TARGET | ハムストリング |

スタートでは身体をまっすぐに

開始姿勢

大腿二頭筋長頭、半腱様筋、半膜様筋が股関節をまたいで坐骨に付着しているため、股関節が曲がっていると刺激が入りづらい。そのため、開始姿勢はおなかをまっすぐにするイメージで、しっかり体幹で支えて股関節を軽く伸ばすような状態にする。加えて、臀部を軽く締める。

シーテッド・レッグカールとの使い分け

シーテッド・レッグカールの難点は、座位のため股関節が屈曲した状態なので、ハムストリングの収縮がしづらいこと。そのなかで、股関節をまたいでいない大腿二頭筋短頭は優先的に働きやすい。大腿二頭筋長頭を狙ってトレーニングするのであればいいが、そうでなければライイング・レッグカールのほうがいいだろう。ただし、ライイング・レッグカールは腰に負担がかかりやすいので、腰痛を抱えている人にはシーテッド・レッグカールのほうが安全。

パッドの位置

基本的には自分がトレーニングをやりやすい位置に当てればよいが、パッドの位置が足首のほうに近くなると、腰に負担がかかる恐れがあるので注意する。

55

シングル・レッグカール

TARGET | ハムストリング |

収縮時にしっかり止める

ライイング・レッグカールとは効き方が異なり、収縮時に大きく負荷がかかるようになっている。そのため、収縮時にしっかり動作を止める

ことを意識すると、股関節を伸展させた状態からうまく収縮できるようになる。

カーフレイズ

TARGET | 腓腹筋、ヒラメ筋 |

スタンディング
とシーテッド
の違いは?

丁寧に行う

カーフは比較的ケガをしやすい部位。トレーニング実施中、違和感があったり、「傷めてしまいそうだな」という感覚になったりすることがある。そのようなときには無理をしないことが大切。股関節が硬い方は、スクワットやレッグプレスなどでもカーフに刺激が入り傷めることが多い。

ハイレップで行う

「私の場合、20〜30回と比較的ハイレップでやっています。50回までやる必要はありませんが少し多めに、けれどもしっかり負荷をかけてやるといいと思います」(鈴木)

スタンディング・カーフレイズ

立位で行うカーフレイズは膝を伸ばした状態で実施するため、腓腹筋とヒラメ筋の両方に効く。スタンディングかシーテッドか、どちらかを選ばなければならないときには、スタンディングで行うとよい。

シーテッド・カーフレイズ

座位で行うカーフレイズは膝を曲げた状態で実施するため、膝関節をまたいで付着している腓腹筋は緩んだ状態となり、ヒラメ筋が稼働することになる。
「スクワットやレッグプレスでもヒラメ筋を使っています。スクワットでしゃがみ込んだときに重心がぶれてしまう方は、ヒラメ筋が弱いケースが多いので、意識的にヒラメ筋を鍛えることでスクワットが伸びる可能性もあります」(鈴木)

田代誠 × 鈴木雅

個々、あるいは年齢に応じてテンポをつかもう

——鈴木さんから田代さんのトレーニングをご覧になって、参考になるところは？

鈴木　トレーニングは、パッと見たときにうまい・下手があります。なかでも、1回1回フォームが違う方っているのですね。例えばレッグプレスで重心がぶれてしまったり、フットプレートをつま先で押したりかかとで押したり、あるいはどちらか一方の脚がメインで筋力を発揮したり……。そういう面で、田代さんはすべてのトレーニングにおいて重心がぶれることなく、1回1回のフォームがきっちりしているところがとてもお手本になります。あとはテンポですね。トレーニングで瞬発系の動作を行うときは、1回1回区切るというか、メリハリが必要です。スピードばかり求めて、ただポンポンやっているだけでは、爆発力は生まれませんし、速筋線維も増えてこないと考えられます。そういう意味で、レップを重ねるテンポが非常に重要になってくると思います。

田代　リップサービスが多分に入っているんじゃない（笑）？　ただ、テンポは本当に大事ですね。脚のトレーニングの話のなかでも何度か出てきましたが、テンポに関してもやはり「その人なりの」テンポというのがあると思います。あとは年齢によっても多少、変わってくるでしょう。私自身の感覚としても、30歳の頃と40歳の頃とでは違います。若かっ

た頃と同じテンポ、スピードではもうできないですね。間違いなくケガをしてしまいます（苦笑）。

——自分に合ったテンポというのは、その感覚がつかめるタイミングがあるのでしょうか？　例えば初心者の場合、どのくらいの頻度で、あるいはどのくらいの時間をかけることでつかめるものでしょうか？

田代　できる人は、最初からできるよね？

鈴木　そうですね。一方で、できない人はなかなかできません。

田代　10年経ってもできない人もいますからね。なぜできないのか、といわれるとわからないのですが……。

鈴木　そういう人は1つ、トレーニングをやり込まないといけないというのはあると思います。ある程度やり込んで、トレーニングの経験値を高めた上で「（自分は）どうだろう？」という意識や感覚が出てくるのではないでしょうか。

田代　そうした意識なり感覚なりをつかみたいと思ってトレーニングをやらないとダメでしょうね。そういうことをあまり考えずにやったらつかめないかもしれないけれど、つかみたいと思ったら、つかめるスピードは多少なりとも速くなると思います。もしかしたら何も考えなければ5年かかるものが、1年くらいでつかめる方はいるかもしれません。

Chapter:3

背中のトレーニング

身体の後面に当たる背中は、
なかなか自分で状況が
確認しづらい部位とあり、
最も重要なキーワードとなるのが
「意識」とのこと。
田代さんと佐藤さんが考える
背中の強化法、聞いてみよう。

DISCUSSION

田代誠 × 佐藤貴規

「見えないからこそ、意識できるかどうかが重要」

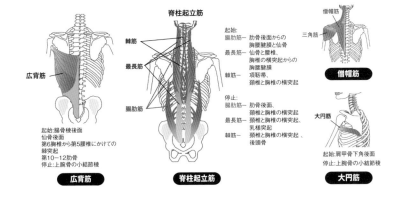

脊柱起立筋

棘筋

最長筋

腸肋筋

広背筋

起始:腸骨稜後面
仙骨後面
第6胸椎から第5腰椎にかけての
棘突起
第10〜12肋骨
停止:上腕骨の小結節稜

広背筋

起始:
腸肋筋— 肋骨後面からの
胸腰腱膜と仙骨
最長筋— 仙骨と腰椎、
胸椎の横突起からの
胸腰腱膜
棘筋— 項靱帯、
頚椎と胸椎の横突起

停止:
腸肋筋— 肋骨後面、
頚椎と胸椎の横突起
最長筋— 頚椎と胸椎の横突起、
乳様突起
棘筋— 頚椎と胸椎の横突起、
後頭骨

脊柱起立筋

僧帽筋

三角筋

僧帽筋

大円筋

起始:肩甲骨下角後面
停止:上腕骨の小結節稜

大円筋

見て確認できない分、ほかの 部位に比べて難しい部位

——背中のトレーニングにおいて大事な こと、ポイントとなることは何ですか？

佐藤 背中に限ったことではないですが、 鍛えたいところをしっかり意識できてい るかどうかが大切です。特に背中は、ほ かの部位に比べて難しい部位ですから、 肩や腕に効いたり、首がすくんでしまっ たりといったことにならないような意識 が必要だと思います。

田代 いろいろな筋肉がいろいろなとこ ろに付着しているので、どこにどういう 筋肉があって、このトレーニングでは大 体この辺りを鍛えている、という意識が ないといけないでしょうね。例えば大円 筋。大円筋はそれのみを単体で鍛えるこ とはできないのですが、だからこそ、大 円筋がどういうふうに付着していて、ど ういうフォームでトレーニングすれば刺 激が入るのかを知っておいたほうがいい。 背中全体に効くけれども、そのなかでも 特に「ここ」をやっている、という意識は、 背中の場合は特に必要かなという気はし ます。これが胸であれば大胸筋しかない わけですから、動作が正しければ確実に 効くのですが、背中の場合はそれが難し い。それから、背中は自分で確認できな い、見えないというのも大きいよね。

佐藤 それはありますね。ビジュアル的 な意識が難しいです。

——直接見る、あるいは鏡で見るなどし て確認できる身体の前面は大きく発達し ているけれども、背中のような確認が難 しい身体の後面はさっぱりで、アンバラ ンスになるトレーニーもいると聞きます。

田代 そういう意味で、背中に関して言 えば、ボディビルダーなどの写真を見る ことはアリだと思います。「ここの筋肉 がつくとこうなるんだ」というような、 イメージがわきますよね。

——お二人は背中のトレーニングのとき や、大会に向けて身体を仕上げる段階で、 ご自身の背中をチェックされることはあ りますか？

田代 今はしませんが、昔は合わせ鏡 にして見ていました。やるべきかどうかは 何とも言えないですが、少なくとも現状 を認識する上では、いいのではないかと 思います。

佐藤 私は、雑誌に掲載された写真や、 大会の映像を見るくらいでした。ただ、 最近は自分のなかに明確な課題があるの で、割とチェックするようになりました。

——ちなみに、その課題とは？

佐藤 背中の凹凸です。広がりや厚みと いうよりは溝の深さといったような、も う少し細かなところです。

アイソレートできない分、 種目の数や変化でカバー

——今、お話に出てきた背中の凹凸につ いて、大円筋や小円筋、棘下筋などの小 さい筋肉だと単体では鍛えられない部分 もあるでしょうが、どこまで意識するも のですか？

佐藤 私はあまり意識していません。結 構ざっくりと「この辺り」というイメー ジでトレーニングしています。筋肉1つ 1つを意識することはないですね。広背 筋でも上か下か、あるいは中央寄りか外

側か、というような感じです。

田代　単体で鍛えることは無理ですが、軽い重量であればそこを意識しながら動かすことは可能です。ただし、それでは重量が足りないのでトレーニングになりません。ですから、背中のどの辺りを使っているのかを意識できないという方は、軽めの重量で練習することも必要かな、とは思います。けれども、実際に筋肥大させるとか、力をつけるとかといった狙いのときには、ざっくりと「このへん」という形で意識することになります。

――ボディビルダーのような背中の凹凸をつくり出すためでも、ざっくりとした意識でいい？

田代　そうですね。そういう意識がなかなかもてない、どの辺りに刺激を入れているのか考えられないという方は、種目を増やすしかないでしょう。いろいろな種目を組み合わせて、それを力いっぱい行えば、背中にある筋肉は全部使われる

極力重いものを扱っていれば、意識はできなくても筋肉はつく。お勧めはハーフデッドリフト

わけですから。

佐藤　どちらかと言うと、私はそのタイプです。そこまでアイソレートしてピンポイントで鍛えることができない分、とにかく量でカバーします。トレーニングにかかる時間はほかの部位とそんなに変わらないですが、種目は多いですね。

――背中のトレーニングを細かく分けることはされますか？

佐藤　私は分けますね。広背筋ひとつとっても面積が広いので、上か下か、あるいは外側か内側か、という意識でやります。そうするとやり方がいろいろあるので、必然的に種目数やバリエーションが増えてきます。

田代　分けるというか、角度を細かく変えます。種目自体も変えますけど、同一種目のなかで角度を変えることをするのです。結局のところ、より多くの種目をやるという感じになるでしょうか。

――角度を変えるのはセットごとですか？　それとも、角度が異なるものはまた別の種目、というイメージですか？

田代　種目をたくさんやると考えたほうがわかりやすいとは思います。背中は、1つの種目のなかにたくさんの種目をつくることができますから。もちろん器用な方であれば、1種目につき3〜4セットやるなかで、セットごとに微妙に変えていく方法を採用するケースもあるでしょう。

佐藤　私は、結構セットごとに変えますね。角度もそうですが、手幅なんかも変化させていきます。

田代　だからこそ、背中のどこを鍛えているのかをしっかり意識できないといけない、ということです。この種目で背中

のどこを一番鍛えたいのか？　それが積み重なって、結果として全体的に〝バンッ！と大きく鍛えられる、そんなイメージです。

なかなか意識できなければ、高重量を正確に扱え！

——背中は、広背筋に代表される横への「広がり」と、横から見たときの「厚み」の両方が大事になると思います。

佐藤　どちらが簡単かと言われたら、私の場合は、広がりよりも厚みをつけるほうが簡単だと思います。筋肉は、収縮運動はやりやすいのですが、伸びた（ストレッチされた）状態で力を発揮するのは難しいからです。広がりというのは、どちらかと言うと筋肉が伸びた状態で力を発揮する動作になるので、一般的には広

がりをつくるほうが難しいのではないか、と。広がりとか厚みとか、そういったことを何も考えずに背中のトレーニングをしたら、きっと厚みがつきやすいのではないでしょうか。

田代　よく「厚みをつけたい」といって広背筋を鍛えている方がいるのですが、厚みを生むのは広背筋ではなくて僧帽筋です。もちろん広背筋を鍛えればそれなりに厚くはなると思うのですが、より厚く見えるようにするのであれば、僧帽筋を強化したほうがいいでしょう。ボディビル的に言えば、広がりを構成する筋肉と、厚みを構成する筋肉とがあるので、そこは理解したほうがいいと思います。私は背中を強化する上でその点を意識しながらやっています。

——体形によって広がりやすい、厚みがつきやすいというのはあるでしょうか？

佐藤　肩幅が広い人や胸郭が大きい人ほど、広がりやすいというのはあるでしょうね。一方、肩幅が狭い人のほうが寄せる分には向いている。そういう違いは、多少あるのではないかと思います。

田代　いずれにせよ、まずは正確なフォームで高重量が扱えるものをやるといいですね。意識できていなかったとしても、引くという動作はできるわけです。ということは正確なフォーム、つまりケガをしない安全な正しいフォーム、これは各自で習得してほしいのですが、それで極力重いものを扱っていれば、意識はでき

どの辺りに刺激を入れているのかわからなければ、いろいろな種目を組み合わせて、力いっぱい行えば、背中にある筋肉は全部使われる。（田代）

どちらかと言うと、私はそのタイプ。そこまでアイソレートしてピンポイントで鍛えられない分、とにかく量でカバーする。（佐藤）

なくても筋肉はつきます。最初は軽いもので練習することももちろん大事なのですが、筋肉をつけたいということであれば、正確かつ安全なフォームで、より高重量を持つことが大事かな、と。

——トレーニングを進める段階でいずれ意識できるようになりますか？

田代 そこは人によります。マッスルコントロールは訓練ですから、意識しづらいという方でも、3年前よりは今のほうが意識しやすくなっているとは思います。ただし、そこは個人差があるでしょうね。なかには、いきなり意識できるようになる方もいますし。

——意識できるようになれば、さらに鍛える部分、パートを細かく分けられます。

田代 トレーニングをある程度積み重ねてくればできるようになるものなので、そうなったときにボディメイクというか、もう少し1つ1つの筋肉を意識するようにしていけばいいと思います。でも、背中はデッドリフトをやるのが一番だよね？

佐藤 そうですね。

田代 デッドリフトは、意識しなくても勝手に効きますからね。例えば、膝の上から引くハーフデッドリフトを高重量でしっかり引くだけでも、僧帽筋や背中全体の筋肉がつきます。

——では、初心者トレーニーの最初の1歩としては？

田代 各種目において、安全で正しいフ

ォームを練習するのがファーストステップです。その上で、なかなか鍛えている筋肉が意識できないとか、筋肉が思うようにつかないとかということであれば、次の段階として、ある程度の重さをしっかり引くことを考えるべきなので、デッドリフトやベントオーバーロウを中心に導入することになります。

佐藤 背中の種目は特にストロークが大きいですが、全可動域でまんべんなく効かせたり意識したりするのは難しいものです。そのため、意識できる範囲、あるいは力がかかっている範囲でしっかりやることから始め、その範囲を少しずつ広げられるようにすると上達しやすいのではないかと思います。種目にしても、ひと通り実践してみたなかで、自分にとってやりやすいもの、得意なものをやり込むことが必要でしょう。

ベントオーバーロウ

TARGET | 広背筋、大円筋、僧帽筋、菱形筋、三角筋後部 |

背中の基本種目!

「ベントオーバーロウは基本種目であり、多くのホームトレーニーが最初にやる背中の種目でもあります。ベントオーバーロウがある程度いろいろなバリエーションのなかでできれば、背中の種目はかなりカバーできるので、しっかり覚えてもらいたいですね」（田代）

「背中に刺激が入っていることを意識できる重量設定やフォームももちろん大切ですが、ベントオーバーロウはやろうと思えば重たいものがいくらでもできる、いわゆるズルができる種目なので、特に重量設定が大事です」（佐藤）

足幅

最も力を発揮しやすい幅。肩幅ではなく腰幅がよい。「最も力を発揮しやすい幅」と言うと、広げすぎてしまう傾向にあるので注意。

グリップ

サムレス。引く動作においてしっかり握っていると、腕で引いてしまうため背中に力が入らない。極力握り込まず、最初に力が入るところを背中にするためには、サムレスがよい。握力に不安がある場合は、リストストラップやパワーグリップなどを使用する。

手幅 バーを引き切る前に、手が腰に当たらないようにするため、腰幅よりも若干広めにする

バリエーション

上体の角度によって、鍛えられる筋肉が若干変わってくる。そのため、「この角度が正解」というのはなく、自分が鍛えたい場所によって角度を変えていくことが求められる。

上体の角度を浅めにする（立たせる）

立たせると僧帽筋に効かせやすくなる。

上体の角度を深くする（倒す）

僧帽筋をあまり関与させず、大円筋や広背筋上部を鍛えたい場合は、上体を倒してやるとよい。

上体を完全に立てる

上体を完全に立たせた状態でベントオーバーロウをやると、肘の屈伸が関与しないためシュラッグになる。そのため「僧帽筋上部をとにかく鍛えたい」という人が、上体を立ててベントオーバーロウをやるのは、間違いではない。

ハーフデッドリフト

TARGET | 脊柱起立筋、広背筋、僧帽筋 |

ケガなく重たいものが持てる

ハーフデッドリフトの良さの1つは、ケガなく重たいものが持てるようになること。
「男性であれば、1年も経たないうちに200kgくらいできるようになります。そこそこ力のある方であれば、300kgくらいはすぐにできるでしょう。自分でも驚くくらい扱う重量が伸びるので、トレーニングを始めたばかりの方は特にやったほうがいいと思います」（田代）

腰の動作を
関与させないための練習として

「背中の種目は腰の動作が関与しやすく、それが原因でうまくトレーニングできないケースも多いものです。腰を使わずに上体だけをうまく動かすためのトレーニングとして、ハーフデッドリフトで練習したり事前に疲労させたりしておくことはお勧めです」（佐藤）

膝くらいから引く理由

脚や腰、背中など身体全体を鍛えるときには、下から引く「デッドリフト」がいいが、それだと引き始めがキツく、後半がやや楽になるため、背中に余力がある段階で引けなくなる可能性がある。背中にフォーカスして鍛えるためには、膝くらいからデッドリフト動作を開始する「ハーフデッドリフト」がいい。

足幅

ベントオーバーロウ同様、最も力を発揮しやすい幅。腰幅くらいがいい。

マシン・プルダウン

安全にビハインドネック
ができる

TARGET 広背筋（上部）、大円筋、小円筋、
僧帽筋（中部）、菱形筋、三角筋後部

大円筋に
より効かせる

身体をまっすぐにした状態でビハインドネックが安全なままできるのが、このマシンの特徴。ラットプルダウンに比べると、大円筋の意識のしやすさはあるが、広背筋には効かない。バリエーションの1つとして実施するとよい。

肘の軌道

真後ろから見たときに、肘が円を描くように動かす。

ラットプルダウン

広背筋、大円筋、小円筋、僧帽筋（中部）、菱形筋、三角筋後部

シートに座り込まない（腰かける程度）

ベタッと座り込むのではなく、足はしっかりと地面につけておくが腰はいつでも浮かせられるような、半分腰かけているような形で行うと、より背中を意識しやすい。「体幹を直立のまま固定しすぎるよりも、身体をある程度前後に振ったほうがやりやすいので、そのあたりのさじ加減も気にしながらやるといいと思います。そのためにも足の使い方が大事です」（佐藤）

バリエーションはさまざま

ベントオーバーロウ同様、さまざまなバリエーションがあるので、「これが正解」というものはない。

フロントネックorビハインドネック

肩甲骨の外下方にある大円筋や小円筋などを鍛えたいのであれば、ビハインドネックがいい。また、最初にフォームを固定するためには、ビハインドネックのほうがいいという面もある。ただし、動作のしやすさや、首などのケガのリスクを考慮すると、関節が軟らかくて動作に無理がない人であればいいが、無理にビハインドネックで行う必要はない。

手幅を
広くした場合

手幅が狭い
アンダーグリップ
の場合

一般的な
フォーム

上体を倒した
フォーム

手幅

程度にもよるが、ある程度広げれば大円筋などが鍛えやすくなり、狭くしていけば可動域が広くなる。また指の使い方も重要。手幅が広くなればなるほど外側（小指側）の指が使いやすくなり、背中に効きやすい。背中のどこを鍛えているかが意識しづらい場合に、1度手幅を広めにして小指で引く動作を行い、そのときの意識を覚えてもよい。

グリップ

手幅を狭くしてアンダーグリップにすると、肩をすくめることができない分、肘が円を描きやすく（円運動がしやすく）、広背筋をしっかり動かせる。広背筋に効いているかどうかがなんとなく意識しづらい人は、最初にアンダーグリップでやってから、手幅やグリップを変化させてもよい。

上体の角度

ベントオーバーロウと一緒。「ラットプルダウンで上体を後方に大きく倒している方もいますが、それを意図的にやっているのであれば間違いではありません。ただ、単純に重たいものを扱いたいだけなのであれば不正解です」（田代）

ロープーリーロウ

足を置く位置にも注意

TARGET | 広背筋、僧帽筋（中・下部）、菱形筋 |

身体を前後に振りながら行う

上半身が自由に動かせるロウイング動作も、ベントオーバーロウやラットプルダウンと同様に引く位置やグリップを変えることによってさまざまなバリエーションができる。身体をある程度前後に振りながらやったほうが、背中には効かせやすい。

足の置き場所

写真の円柱のように、足を置く位置が限定される場合はいいが、フットプレートに足を置くタイプのものでは、足を置く位置に注意。下のほうに置くと、身体を安定させるのが難しくなり、重量に負けて身体が引っ張られてしまうことがある。ある程度高い位置に足を置いたほうが、バランスがとりやすく、身体も安定させやすい。

Vバーで行う

Vバーを使うと、開始姿勢でストレッチをかけやすく、背中を広げることができる。背中をしっかり丸めてストレッチをかけることは、ラットマシンではまず難しい。また、ベントオーバーロウではリスクを伴うため上級者向けとなってしまう。ただし、Vバーは手幅が必然的に狭くなるため、自分の身体が邪魔になって最後まで引き切ることが難しいというデメリットもある。

ハンドルで行う

開始姿勢でのストレッチ感はVバーに比べると減ってしまうが、最後までしっかり引き切り、筋肉を収縮させることができる。「ストレッチ感をとるか、引き切ったときの収縮感をとるか。気になる方は両方やるといいと思います」（田代）

シーテッドロウ（マシン）

グリップによって
刺激が変化

TARGET | 広背筋、僧帽筋（中・下部）、菱形筋 |

ニュートラルグリップで行う

マシンは、ロープーリーロウに比べると行いやすい。

オーバーグリップで行う

ニュートラルグリップだと一般的なロウイング動作となるが、持つ位置を変えてオーバーグリップにすれば、より肩甲骨周りを鍛えることができる。
「あるいはシートの高さを変えることによって、ハンドル（グリップの方法）は一緒でも、引く角度を変えられます」（田代）

ワンハンド・ダンベルロウ

片手でやることでより収縮させられる

TARGET | 広背筋、大円筋、僧帽筋 |

ストレッチをかけやすい

開始姿勢でストレッチをかけやすい。

片手で姿勢を支えられる

「片手で姿勢を支えているかいないかの違いだけで、基本的なポイントはベントオーバーロウと一緒です。ただ、支える動作や、ほかの筋肉が関与するという点では結構難しいかもしれません」（佐藤）

腕を巻きつける（肩甲骨を寄せる）

マシンで行う場合はまっすぐ引き切って終わりだが、ダンベルであれば引き切ったところからさらに体幹に巻きつけるような動作が可能。より収縮させることができる。

ストレートアーム
プルダウン

TARGET | 広背筋（下部）、大円筋 |

肘はまっすぐ伸ばす

背中の筋肉は肘より先につながっていない
ので、腕を曲げる必要はない。

クラシカルな種目

「より背中にフォーカスし
て鍛えるには、プルオー
バーマシン」という人もい
る。ストレートアームプルダウンは、プルオーバーマシン
がない場合に代替種目として使える。昔から行われてい
る、クラシカルな種目。

「ただ、体幹が強くないと姿勢を崩しやすく、あまり重たい
ものは扱えません。そのため、背中の種目がひと通り終
わった最後に追い込むためにやるような位置づけの種
目でした。ところが、ここ10年はプルオーバーマシンが
置かれるようになり、あまり見られなくなりました。見た目
にあまりオシャレではないのも衰退の一因かもしれません
（笑）」（田代）

佐藤スペシャル

TARGET | 広背筋、僧帽筋、
脊柱起立筋

腰の動作が 関与しにくい

背中の種目は腰の動作が関与しやすく、それが原因でうまくトレーニングできないケースも多い。そのため、ハーフデッドリフトと同様、腰を使わずに上体だけをうまく動かすためのトレーニングとして佐藤さんが実施しているのが、ダンベルを用いた『佐藤スペシャル』。

「背中をうまく使えない人というのは、腰が動いてしまうことで上背部の動きがうまくできないので、単純に背中のトレーニングの練習として有効だと思います。私はダンベルを使うのですが、そのほうが可動域が広く取れ、肩甲骨も自由に動かしやすいので気に入っています」（佐藤）

シュラッグ

TARGET | 僧帽筋（上部）

体型によって可動域が変化

しっかり可動域を出す

体型によって可動域は多少変わってくる。なで肩の人は肩の位置が低いのでよく動き、いかり肩の人であれば見た目にはさほど動いていないようにも見える。いかり肩の人はきちんとやらないと鍛えにくい。僧帽筋がつきやすいのは、なで肩。

高重量でやるならバーベルで

シュラッグは意外に高重量が持てるのだが、あまりに重たいとスタートポジションにもってくるまでに腰を傷める危険がある。より高重量を求めるのであれば、パワーラックを使ってバーベルでやったほうが安全にセットできる。

Chapter:4

丸みを帯びた肩はトレーニーなら
誰もが憧れるものだろう。
ここでご登場いただくのは
「メロンのような肩」の持ち主、
鈴木さんだ。田代さんとともに、
肩のトレーニングについて伺った。

肩のトレーニング

DISCUSSION

田代 誠 × 鈴木 雅

「どこから見ても丸みのある肩を目指す」

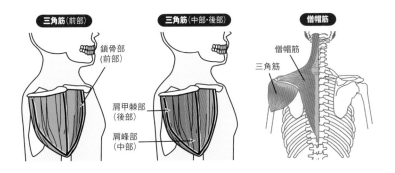

三角筋（前部）
鎖骨部（前部）

三角筋（中部・後部）
肩甲棘部（後部）
肩峰部（中部）

僧帽筋
僧帽筋
三角筋

フレームを形づくる肩が
見栄えの善し悪しを決める

——「肩」は、全身のなかでもどのような位置づけにありますか？

鈴木 フレームの一番端の部分になるので、ボディビル的には肩がしっかりつくられているかいないかで、ラインナップでの目立ち方が違ってきます。しかしながら、背中と同様に肩も、刺激が入りやすい人と入りにくい人とがいますね。ですから、動作はほかの部位よりも大事にしています。

例えば、僧帽筋の関与。サイドレイズを行うとき、僧帽筋を動かさずに三角筋を動かすのは難しいので、僧帽筋が補助しながらも三角筋にしっかりのっているかどうかが大切になります。特に重いものを扱うときは注意が必要ですね。僧帽筋は大きなパワーが出やすいので、高重量を扱うことで僧帽筋が優位に働いている可能性がありますから。

田代 ボディビルに関していえば、ほとんどのポーズで肩が見られます。正面から見たシルエットがいいだけではダメで、横から見ても、後ろから見ても見栄えをよくするためには、フロント（前部）・サイド（中部）・リア（後部）と、バランスよく鍛えなければならない部位です。

——前部・中部・後部によって、鍛えやすさや鍛えにくさはありますか？

鈴木 人それぞれですが、例えば、プレス系種目で補助の役割をしているため、肩の前部のトレーニングは特別やらなくても発達する人はいると思います。一方、中部はサイドレイズ系の種目になりますが、構造上、筋線維がとても多いので、大きなダメージを受けにくく、筋肉痛にもなりにくい分、しっかりやり込まなければなりません。重いものから軽いものまで重量を変えることはもちろん、肘を曲げたり伸ばしたりといった動作のバリエーションも必要です。あと、後部は肩甲骨の動きが関与しやすい部分なので、やはりトレーニングのセンスが問われてきますね。

——大きく分けると三角筋は前部・中部・後部ということになりますが、そのなかでもさらに、例えば「リア寄りのサイド」のように細分化して考えることもあるのですよね？

田代 それは角度です。例えば三角筋前部といっても、胸に近いほうも三角筋側部に近いほうも同じ前部。では何が違うのかというと、角度でしかないわけです。使用重量が重くなってくるとそこまで角度を意識できないので、トレーニングとしてはザックリとした感じになってしまいますが、角度を少しずつ変えるという意識は大事だと思いますね。

——お二人は同じ種目のなかで意識的に、

上下や前後の動作が主な筋トレにおいて、サイドレイズの軌道は斜め外方向という独特なもの。その分、難しさもあるといえる

いくつかの角度で実施されますか？

田代 私は、種目のなかでは変えないです。別の種目をやるという形ですね。

鈴木 私も変えないですね。マシンを選んだり、動作を選んだりというのはそのつど行います。肩のトレーニングはダンベルがメインになってくると思うのですが、ダンベルは縦にしか重力がかかっていないので、姿勢を変えたり、狙いに見合ったマシンをうまく活用したりしていく感じです。

サイドレイズを効かせるコツは〝軌道〞と〝支点〞

——胸の場合は上部・中部・下部とあって、どこから鍛えるかは「自分が鍛えたいところから」ということでした。肩の場合はいかがでしょうか？

田代 私は、肩は1回のトレーニングでまとめてやります。ただ、肩は前部・中部・後部でトレーニングの動きが全く異なるので、1回のトレーニングでやらず、別々にやるという方もいます。前部だとプレス系の日に入れたり、後部だと背中の日に入れたり。問題は中部をどこに入れるかでしょうけど、どこから鍛えたとしても、ほかのところにあまり影響はないと考えていいと思います。

——田代さんは肩のどこからやるか、順番は気にされないですか？

田代 私は前からですね。私の世代の方たちが最初にやった肩のトレーニングといえば、バックプレスなんですよ。だから私がバックプレスからやる理由は「バックプレスがやりたいから」、ただそれだけです（笑）。

——鈴木さんも、肩は1回で？

鈴木 そうですね、肩の日をつくっています。順番は私もプレス系からですね。一時期、サイドやリアから入るようにしたときもあったのですが、プレス系から始めないと、なんかこう…やった気がしないというか、サイドレイズに身が入らないというか。サイドレイズって重さももちろんある程度は追求しますけど、どちらかというと刺激がちゃんとのっているかどうかで発達するかが決まる、感覚的な種目でもあると思うのですね。なので、プレス系から入ったほうが、筋肉が温まってしっかりできる感覚はあります。

田代 プレス系だとオールアウトしたら挙がらなくなる、という答えが明確に出ますけど、サイドレイズはどこまででもいける。挙げる角度はありますが、その角度が小さくても効くのは効きますよね？　そうなると「じゃあどこまでやるの？」と。

——そういう意味では、一般のトレーニーにとって中部は、前部や後部に比べると難しいといえるでしょうか？

田代 難しいのだろうと思います。プレスを教えることはあまりないですし、プレスが下手な人もほとんどいないですから。サイドレイズの場合は熟練度が左右するので、指導することは多いです。

——肩のトレーニングについて、お二人が気をつけていること、またアドバイスするとしたらどのようなことですか？

鈴木 あまり握れない重量ではやらず、握っている感覚がある重さでやるようにしています。あとは挙げ方ですね。特に私の場合はなで肩なので、普通に挙げてしまうと僧帽筋の関与が大きくなってし

背中と同様に肩もトレーニングのセンスが問われる。
刺激が入りやすい人もいれば、
入りにくい人もいる。(鈴木)

まいます。ですから、肘の軌道をある程度身体から離す、つまりダンベルが常にできるだけ遠くを通る感じでやると三角筋が使われやすくなります。これが肩幅の広い人だと、最初から外にいくような形になります。ポイントは〝支点〟です。例えば両手でダンベルを持ったとき、支点は身体の中心にあり僧帽筋が関与しやすい。それが肩幅の広い人だと支点が両肩の2点になるので、三角筋に効きやすくなるのです。要するに、ダンベルを持ったときに支点を身体の中心ではなく両肩の2点にしなければいけないというわけです。ちなみに、ワンハンドだと支点は肩になりますから、何をやっても無条件で効きやすいといえます。

——三角筋に効かせにくい人はワンハン

ドでやったほうがよいのでしょうか？

鈴木　効きの良さでいけば、ワンハンドでやったほうがよいのではないかと思います。ただ、ワンハンドでやったとしても、身体の構造や支点について理解していなければ、身体はうまく動かないと思うので、まずはその点を理解することが大事です。あと、トレーニングの時間はかかります(笑)。

ストリクトだけでなく
チーティングも不可欠

——田代さんはいかがですか？

田代　プレスに関しては、とにかくケガをしないことです。バックプレスをやると大体、肩のインナーマッスルや首を傷めてしまう方がいますね。それから、重量はそこまで伸びていくものではないので、重さを追求するより丁寧に、細やかにやることです。サイドレイズに関しては、重くても軽くても効きます。要はやり方次第。体幹をある程度固定して、丁寧にやろうと思えば10kgくらいでもちゃんと効きますし、トレーニングになります。かといって、30kgが扱えないかというと、若干のチーティングを用いればできる。そのあたりの設定は個々の考え方次第です。

——トレーニング初心者であれば、重量よりも正確さや丁寧さを重視すべき？

田代　大事なのはタイミング、リズムで

使用重量が重くなるとザックリとしたものになるが、肩は少しずつ角度を変えるという意識が大事。（田代）

す。チーティングというほどではないですが、身体を若干振って重りを挙げるというリズム感は大切ですよね。ガチッとした動きだと、正確ではあるかもしれないけれど、トレーニングとしては面白くないですし、かえって効きを意識しづらいのではないかと思います。

鈴木 サイドレイズはダンベルが身体から離れて遠くにいくわけですが、力学的に考えれば遠くにいけばいくほど重さがかかってきます。ほかの種目に比べると軌道が独特なので、スティッキングポイントでいきなり重くなるような感じになるのですね。ですから、ストリクトなトレーニングも必要ですが、チーティングを使うことも絶対に必要になってきます。

田代 あとリアは難しいけど簡単だよね。

鈴木 そうですね。1回コツを覚えると、すごく発達する方もいらっしゃいます。

田代 適当にやっていても効くんですよ、リアって。可動域が狭いので。だから効かないのならとりあえず重たいのを持て、という感じです。軽いもので丁寧にやって効かせられるのが一番でしょうが、それができるのは技術がある方。技術がなくても、とりあえず重たいのでやっていればそれなりに効きますよ、みたいなところはあるよね？

鈴木 むしろ、トレーニングがあまりうまくない人って意外にリアが発達しますよね……。それは背中の種目をやるときにグッと握り込んでしまうからです。握

って引っ張ると肩甲骨の動きが制限されるので、腕で引っ張ることになるからリアに効く。これがうまい人であれば、あまり握り込まないので肩甲骨が動くから、僧帽筋や広背筋でちゃんと引っ張ることができます。

田代 技術的には、支点をより肩に近いほうにもってきて、肩甲骨はグッと広げて固定した位置で内・外転させるのが正しい。これがうまくできないとリアに入らないのですね。ただ、これは自然な動きではないですから。肩甲骨が動くのが人としての自然な動き。でもそれだと背中を使ってしまう、と。

――ということは、人間として不自然な動きをすると……？

田代 リアに効くということですね（笑）。

スミスマシン フロントプレス

効かない場合は
ストレッチポジション
から始める

TARGET | 三角筋前部 |

スミスマシンで行う理由

フリーウェイトでフロントプレスを行うと、どうしてもバランスがとりにくいため。身体の前にバーを下ろしてもバランスがとれるようにスミスマシンで行う。

下げる位置

フロント（身体の前）にバーを下ろすことによって、肩甲骨が下方回旋するため、僧帽筋が働く。また、この位置だとうまく下げられたときには肩周りのストレッチが入る。

肘を閉じるか、開くか

肘（脇）を開くパターンと閉じるパターンの両方をやるが、それによって三角筋前部への効き方が変わる。肘を開くと押し込んだ（高い）位置で効くが、肘を閉じると低い位置で効いてくる。写真は肘を閉じたパターン。

シートの位置

肘を閉じているときはバーが身体前面ギリギリのラインを通るようにする。ただし、無理やり近くしてしまうと肘が開いてしまうため、肘を閉じた状態でまっすぐ下ろせる距離が目安。

サムレスグリップ

サムアラウンドだと肘が開いてしまう可能性が高い。サムレスでやることによって肘を閉じることができ、余分な力もかからないが、小指側に思い切りのせてしまうと上腕三頭筋で挙げることになるので、負荷はなるべく真ん中にかかるようにする。
「うまく効かない場合には、肩周りにストレッチがかかる下の位置でうまく肩にのせてから挙げるといいですね。肘を伸ばした状態で始めるのではなく、肘を曲げたストレッチがかかる位置から始めましょう」（鈴木）

バックプレス

TARGET | 三角筋前部・中部 |

姿勢

体幹がしっかりしていないとバランスが
とれないだけでなく、力もうまく伝わりにく
い。しっかりと骨盤を立てて座り、体幹を
使えるようにしておくことが大事。
「フリーウェイトでやると不安定な上に、
その不安定性を抑えるために変な挙げ
方をしてしまうことがあり、ケガのリスクも
高まります。本当に安全にやるのであれ
ば、マシンプレスで自分に合った角度の
ものをやったほうがいいでしょう」(田代)

開始姿勢に入る際＆
トレーニング終了後

バックプレスはシャフトをラックから外すと
きと戻すときが危なく、意外に技術が必
要。心配であれば、外すときと戻すときだ
けはパートナーや補助者にサポートして
もらったほうが安全だ

手幅

ベンチプレスの幅(鈴木さんの場合は
81cmラインに小指、薬指がかかる)。
狭すぎると腕に効いてしまうことがあ
るので注意。

内側(親指側)でしっかり押す

外側(小指側)で押すような形になると、上腕三
頭筋で挙げてしまうことになる。しっかりグリップ
して親指、人さし指で押し上げること。

バーを下げる位置

人によってまちまちだが、耳の辺りまでしか下が
らないこともあれば、逆に肩甲骨の挙上・下制
が働いて僧帽筋が関与するケースもある。「肩
甲骨が下制しない位置までシャフトを下げたら
挙上する」という形にすれば、僧帽筋に刺激が
入らず、首にもそんなに負担がかからない。
「たまに、頭の上くらいまでしか下げない人がい
ます。ケガのリスクを考えた上でそのようにして
いるのであればアリですが、ただ単純に重たい
から可動域が狭まっているというのであればナ
シです」(田代)

ダンベルサイドレイズ

TARGET | 三角筋中部 |

開始姿勢

ダンベルを持ったときに、支点が（両肩の）2点になるようにする。要するに、腕を「ダラーン」とせずに、肩を少し張った状態にしておくということ。ただし、逆に力を入れすぎてしまうと身体が緊張して挙上しにくくなるので注意。

ダンベルの軌道

挙げ始めからなるべく外へ、外へと力がかかるように（外方向にいくように）挙上していく。小指側、肘からしっかりリードしながら、肘が肩とちょうど並行のラインにくるまで挙げていく。真横に挙げるというよりは、身体の少し前に挙げることで肩甲骨が挙上しにくくなり、三角筋に刺激が入りやすい。

「『サイドレイズは真横に挙げなければいけない』と思っている方がいますが、真横である必要はありません。真横に挙げると肩甲骨の動きが介入して僧帽筋に入ってしまうため、トレーニング自体が難しくなってしまいます。ほんの少し前にもってくるだけでラクにできます」（田代）

肘を伸ばした場合

肘を曲げた場合

「外へ、外へ」という意識で挙げる

肘を曲げるか、伸ばすか

肘を伸ばすと（上写真）、ダンベルの位置が身体から離れるため、モーメントアーム的にいうと力がかかる部分は節になってくる。トップの位置でしっかりと収縮させたい場合、高重量を扱いたい場合には肘を曲げたほうがいい（下写真）。

「本来は肘を伸ばしてやるのがサイドレイズ。肘を曲げるのは『ベントアームサイドレイズ』という名前がちゃんとついています」（田代）

スタート位置を30度外転位からにする

完全に腕を下ろした（ダンベルを下げた）状態では、重さがかかっていない。そのため、この狙いは「重さがかかっている角度から始める」ということ。重さがかかっていない位置での感覚が鈍い方は、20〜30度くらいで重さをしっかりのせてから三角筋で挙げていくことが必要。

83

マシンラテラルレイズ

TARGET | 三角筋中部 |

ダンベルとの
違いとは?

力の抜ける位置が少ない

肘を曲げるタイプのダンベルサイドレイズと同じような形になるが、マシンなので常に負荷がかかっており、ダンベルより力の抜ける位置が少ない。三角筋収縮位で上まで挙げ、しっかり力をかけるようにして止める。

マシンが身体に合わない場合

マシンが身体(のサイズ)に合わない場合は、片方ずつやることが大事。ワンハンドで身体の位置をずらしながら、いい位置を見つけたい。

「180cmの人と160cmの人の規格が同じということはありません。シートなどで調節は可能ですが、アームの位置が調整できるものはないので、こういうときは片方ずつ身体をずらしながらやるのがいいでしょう」(田代)

ケーブルサイドレイズ

TARGET | 三角筋中部 |

前腕ではなく
肘と小指側で
リード

グリップ、
指の使い方

どうしても前腕を使ってしまいがち。肘と小指側でうまくリードしながら挙げていくことが大事。

開始姿勢

三角筋をストレッチした位置が大事。ただし、ストレッチしたポジションから始めると、肩がかえった位置になっているため、僧帽筋をはじめとした背中から挙げないとうまく挙がらないため、背中の関与が強くなりがち。最初のスタートポジションで肩をしっかりと残しておき、スタートを決めて、その位置からストレッチをかけて挙げるようにするとよい。

ワイドグリップ アップライトロウ

サイドレイズが
苦手な人は
試す価値あり

TARGET | 三角筋中部 |

手幅

ワイドグリップで握ることによって肘から挙げてくる形になる。肘からリードして挙げると、三角筋に効きやすい。グリップを狭めれば、僧帽筋の関与が大きくなってくる。
「動きとしては肘を曲げて行うサイドレイズとさほど違いはありませんが、あまりサイドレイズがうまくない人がやると、意外に効きやすいこともあります」（鈴木）

チーティングを使う

「私の場合はこれでチーティングを使っていきます。ハイクリーンのような形になりますね。ハイクリーンとアップライトロウで何が違うかというと、体幹から使うか、肩・腕から使うか。そもそもハイクリーンやハイプルは、肩と腕の力を抜いて体幹から力を出していくものですが、サイドレイズやアップライトロウは逆で、肩・腕から入ります。言ってみれば"下手なハイクリーン、ハイプル"ですね（笑）」（鈴木）

マシンリアレイズ

TARGET | 三角筋後部 |

軌道

サイドレイズと同様、力の方向は「(後方に)引く」というよりは「遠くへもっていく」イメージ。そうすると三角筋後部に効く。

グリップと指の使い方

「一応握ってはいますが、小指・薬指・中指…くらいです。最初からガチッと握るというよりは、収縮の際にグッど"キャッチ"する=収縮時に重さをのせる、というイメージです」(鈴木)

ダンベルリアレイズ

TARGET | 三角筋後部 |

軌道

マシンリアレイズに比べると、肘は曲げた格好になる。また、マシンリアレイズの場合はストレッチから収縮までまんべんなく負荷がかかるが、ダンベルの場合はそうではないので、挙上した際にしっかり肘を引く。ただし、後ろに引くイメージだと肩甲骨が動いてしまうので、外にしっかり引くような形で。意識できるのであれば、肘だけを動かしていればリアに入るが、意識できない人は肘を外にもっていくといい。

上体の角度

ベント(上体を倒した状態に)しすぎると、開始姿勢でストレッチがあまりかからない。60度くらいのベントだと、下げたときもストレッチがかかるようになる。必ずしもベントしないといけないわけではないので、目的に応じて実施。

シュラッグ

TARGET | 僧帽筋上部 |

ダンベルを使った場合

肩を挙げる方向

肩は耳の後ろを目指して挙げていく形になる。僧帽筋上部を鍛える場合に、肩を回すように動かす人もいるが、力は上下にしかかかっていないので、真上に（直線上に）動かしたほうがいい。

ダンベルか、バーベルか

やりやすいほうで構わないが、ダンベルのほうがバーベルよりも僧帽筋が収縮しやすい。

田代誠 × 佐藤貴規

トレーニングは感覚重視？　重量重視？

佐藤　田代さんは「挙上重量を増やすことが筋量の成長につながる」という考え方で、感覚的な部分の尺度があまり感じられない気がしています。理屈的には同じ動作で重い重量が上がれば筋肉は増えるわけですけど、その通りにいかないこともあります。そのあたりの感覚や調整について、どう考えていますか？

田代　感覚は関係ないですね。というか、「効かせよう」と思ったことは1回もないです。

佐藤　それが簡単なようで難しい。重量を増やせば筋肉も増えるかというと、そうはいきません。自分にしか、わからない感覚があると思うのですが……。

田代　私の場合は感覚を重視する、要は「効かせよう」と思うと、全く上がらなくなってしまうんです。軽い重量でも効かせられるから、感覚を意識しだすと重量が増えなくなる。ただ、方法としては、感覚を重視してやるか、ある程度フォームが固まっていて意識しなくても効くから動作や重量、回数にフォーカスするか、でしょうね。そういう意味では、佐藤君と私はタイプが違う。私は効かせることはあまり気にせず、動作と回数に集中しているけど、佐藤君はあまり回数にこだわっていないでしょ？

佐藤　そうですね。回数や重量といった数字的なものは捨てた、というか意識するのをやめました。

田代　だから、高回数でやっているとき

もあるよね。高回数でやる人は、あまり回数にこだわらない人が多いです。

——感覚重視か、動作にフォーカスするのか。初心者の場合はどちらが？

田代　最初は感覚をつかむことです。ゴールドジムの初心者説明会では、まずは何も持たずに動作をやってもらいます。筋肉が動いていること、重りを持たなくても筋肉に効くことを覚えてもらってから、軽い重量で動作を行います。ただ、ある程度感覚的な部分がつかめたら、やはり筋肉＝力なので、特に男性は重量を追い求めていかなければなりません。そこで次の段階として、ある程度の重量を目標に伸ばしていきます。とはいえ、重たいものが持てるようになると、今度はケガの問題もあるし、扱える重量の限界も見えてきます。そうなってきたときには原点回帰。ケガをしないように感覚を重視し、無理のない範囲でやっていきます。感覚→重量→感覚、というステップですね。……ということは、私は佐藤君の段階に達していないなあ。まだ重さを追い求めているよ（笑）。

佐藤　いやいや（汗）、私の先の先をいっているんです！　でも私の場合、無意識にやっていると、感覚的なトレーニングだけになってしまいがちです。そうした偏りはできるだけなくし、なるべくフラットな状態にする意識が大切だと思います。

Chapter:5

マッチョといえば力こぶ、
といっても過言ではないほど、
上腕のデカさは万人共通の
バロメータといえる。
「腕」をテーマに、田代さんと
鈴木さんのコンビに話を聞いた。

腕のトレーニング

DISCUSSION

田代 誠 × 鈴木 雅

「腕のトレーニングは上腕三頭筋をより意識して」

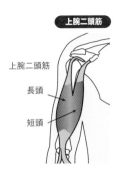

上腕二頭筋

上腕二頭筋

長頭

短頭

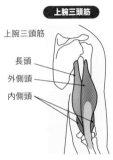

上腕三頭筋

上腕三頭筋

長頭

外側頭

内側頭

腕橈骨筋

腕橈骨筋

鍛えやすい反面、ケガをしやすい部位

——お二人は、腕の強化についてはどのようにお考えですか？

田代 鍛えやすい部位ですが、ケガをしやすい場所でもあるので、「腕は最後でいいかな」というのが今の感覚です。胸や背中、あるいは肩をしっかり鍛えていけば、腕も鍛えられてある程度は大きくなりますから。トレーニングを積み重ねてくれば、自然にそういう感覚になると思います。

鈴木 そうですね。腕は特に目立つ部位ですし、「（上腕の周径が）40cmオーバーで一人前」などといわれることも多いので、私もトレーニングを始めた当初はそこを目指していました。けれどもコンテスト出場を目指すようになって、腕は身体のなかでバランスをつくる部位だと思うようになりました。いい換えれば、ほかの部位がきちんと発達していなければ、腕の太さが全体のバランスを崩してしまいかねない、と。ですから腕に関しては、今も太くしたいという思いはありますけど、胸や背中、脚といった体幹の部分からしたら二の次、という形でやっています。

田代 トレーニングを分割してやる場合に、「腕の日」を設けてもいいのですが、慣れていない方だとおそらくやれることは限られてきます。そうすると物足りなくなって、いろいろなものと組み合わせたくなる。現に初心者の方で「腕を単独で鍛えています」という方はほとんどいませんよね。トレーニング上級者になってくると、種目が増え、強度も高くなる

ので、腕の日を設ける方が多くなります。

——お二人は「腕の日」を設けていらっしゃいますか？

田代 時期によりますね。腕だけでやることもあれば、やらないこともあります。

鈴木 私は腕だけでやっています。ただ、そんなに力は入れていなくて、どちらかというとブレイクデーの位置づけですね。胸や背中などをやった後にやる労力を考えたら、あえて単独で行うことで、ほかの部位を休ませる日にしようかな、と。

田代 私も、腕だけでやるときはそうですね。「やるぞ！」というよりは「今日は軽めで」というお休みの日の感覚です。トレーニングが楽しいと感じる日でもあります（笑）。あとはプログラムの組み方、要は何分割でやるかも関係してきます。4分割だと腕だけの日はつくれないですが、6分割であれば腕の日を1回入れて身体を休めたほうがいいかな、という考え方もできます。

鈴木 胸や背中のトレーニングで、ある程度補助的に使っているので、そういう意味で腕は刺激を受けやすい部位だと思います。その点でやはり、回復がとても重要になってきます。しっかり回復させた上でトレーニングができていないと、なかなか成長しないですね。私は今、胸・背中・脚・肩・腕の5分割でやっていますが、肩と胸の日、あるいは腕と胸や背中の日をなるべく離して組んでいます。そうすることで最近は効率がいいというか、腕のトレーニングが効きやすくなりました。胸や背中の日には逆に、以前よりも腕に刺激が入らないようにできています。ただし、効きやすくなった分、これまでのトレーニング量だと筋肉や腱

が痛くなってしまうので、今は最小限の種目とセット数で発達させることを意識しています。腕だけにエネルギーを使いすぎない、ということです。腕のトレーニングで、いろいろな種目をやって腕が発達しているという人は、実はあまり見ないですね。腕が太い人は、意外にあっさりとトレーニングを済ませる方や、短時間でしっかり刺激を入れる方が多いです。

——ほかの部位と組み合わせる場合、組み合わせ方はどうするのがいいでしょう。

田代　人によると思います。腕の場合、胸や背中に組み合わせることが多いですが、胸のトレーニングで補助的に上腕三頭筋（以下、三頭）を使っても、割にすぐ回復します。むしろ上腕二頭筋（以下、二頭）のほうが使われる上に、ケガのリスクも高い。これは私の経験ですが、胸と三頭、背中と二頭で組み合わせたときに、二頭がものすごく痛くなりました。それは、胸で予想以上に二頭を使っているのに、背中でまた補助的に二頭を使い、さらに二頭メインの種目をやるのでオー

バーワーク気味になってしまっていたのですね。ですから私個人の感覚としては、組み合わせるのなら「胸と二頭」にするのが、関節や腱に一番負担のないやり方といえます。

鈴木　トレーニング初期には、「プッシュ系（胸・肩・三頭）」「プル系（背中・二頭）」「脚」で3分割することも多いと思いますが、それだと徐々に回復できている状態で腕のトレーニングができなくなりがちです。腕を太くしたいときには、胸と三頭を切り離したり、胸と二頭を組み合わせたりするといいと思います。

肘の違和感や痛みに注意

——腕のトレーニングに関して、ポイントとなるのはどのようなことですか？

田代　とにかくケガをしないことが一番です。前述したように、腕はほかの部位の種目でも鍛えられるので、特に肘に違和感があるときや、実際に痛みがあるときはやらないと思ったほうがいいです。裏を返せば、肘が痛いと、胸も背中も、何もできなくなってしまいますから。シーズン中は無理しているから、シーズンが終わる頃はやっぱり肘が痛いよね？

鈴木　そうですね。私も肘が痛くなります。腕の日は体力もさほど使わないので、物足りなくてやりすぎてしまう、というのもありますし、大会前になるとトレーニングの量を落とすのが怖くなるんですよね。痛みや違和感があるとき、オフの時期ならセーブできるのですが、減量中はセーブするのが難しく、私はそれでいつも二頭の長頭腱炎になってしまうのです。結果的にダンベルフライができなか

トレーニーなら腕を太くしたいという願望はあるもの。だが、胸や背中、脚といった体幹の部分からしたら二の次

ったり、背中のトレーニングにも支障を来したり…。収縮局面で力が入らなくなるので、本当にトレーニング効率がグンと悪くなります。

田代　種目にしても用いる器具にしても、人それぞれ合う・合わないがありますから、いろいろと試しながらやってもらいたいですが、いずれにせよ肘に違和感があると思ったらそれ以上は行わず、別の種目で代用したほうがいいでしょう。そして、もし痛みがある場合には、腕のトレーニングはやらない。しばらくすればちゃんと回復するので。半年くらいやらなくてもいいと思います。

鈴木　私も、さすがにどのくらいやると痛みが出てくるのか、その境界線がわかってきたので、重量を落としたり、挙上

スピードを変えたりして調整しています。あとは、なるべく手首や肘が人間の自然な動きになる形でトレーニングするようにしています。上腕のトレーニングですが、手首の動きが重要になってきます。例えば、以前はストレートバーでバーベルカールをやっていたのですが、人間の動きを考えると、重いものを持ち上げるときは、最初から手首を回外させておく（手のひらが上を向くようにひねる）のではなく、まずは親指から持ち上げ、途中で回外の動きが入るはずです。つまり、初めに腕橈骨筋が働き、次に上腕筋が働き、最後に二頭が働く形なので、自然な動きで強い力を発揮するためには、ストレートバーではなくてEZバーをチョイスするといいと思います。あるいは、ピークをつけたいという場合は、しっかり収縮させることが重要ですから、最後にグッと捻るような動作が必要なので、マシンなどを用いて可動域を限定し、最終局面だけ行うこともあります。

全体的な太さか？　ピークか？

田代　腕は「三頭を鍛える」という気持ちでやったほうがいいと思います。初心者の方は特にそうですね。二頭は自分の目で確認できますし、アームカールという動作自体も非常に簡単ですから、誰もが「やろう」と意識しなくても必ずやるものです。一方で三頭は、背面にあるの

**三頭はやりすぎるとかえって太くならないので、
短時間で追い込むような
トレーニングがお勧め。(鈴木)**

で目で確認するのが難しいですし、おろそかになる方が多い。胸と背中の関係性と似ているといえます。

鈴木　そうですね。ただ、繰り返しになりますが、ほかの部位のトレーニングでも頻繁に使っているので、トレーニング量はうまくセーブすることが必要だと思います。私の経験では三頭をやりすぎてしまうと、かえって太くならない。扱う重量も伸びません。ですから、短時間で追い込むようなトレーニングのほうがお勧めです。

田代　私の感覚では、三頭に最も効果的なのはダンベルフレンチプレスです。でも、決まって肘を傷めてしまうのですね。これは私に限ってではなく、ほとんどの方がそうだと思います。トレーニングを積み重ねて、重いのが扱えるようになると、たいてい痛めますね。痛いときにはやめざるを得ないですが、効果があるからやりたいという思いはあるので、痛めない程度に、最後に軽めでやるなどしています。

──とはいえ、腕というとやはり「二頭のピークをいかにしてつくるのか」が気になるトレーニーは多いと思います。

田代　テクニックとしてはありますけど、それよりもまずは丁寧なトレーニングで、少しずつ重量を伸ばしていくことが大切だと思います。反動を使って重い重量を無理に挙げるのではなく、正確なフォームで、1kgとか2.5kgとかというように細かく刻んで、少しずつ重量を挙げていきます。アームカールであれば、使用重量が10kg増えただけでも十分すごいと思いますね。

鈴木　二頭の収縮と伸展をきちんと意識できることが大切ですね。ピークに関していえば、神経伝達ができてくればくるほどピークはついてくるのではないか、という感じがしています。私自身、どれだけトレーニングしても収縮感がそんなに得られないときは、ピークがつくような感じがありませんでした。やはり収縮の局面で力こぶをつくるというか、最後にグッと力を入れられるようになってからは、盛り上がりもよくなってきたように思います。

腕はとにかく肘を痛めないことが一番。
違和感や痛みがあるときは
やらないと割り切る。(田代)

93

バーベルカール

鏡を見ようとして
あごを上げない!

TARGET | 上腕二頭筋、上腕筋、腕橈骨筋 |

収縮のときにあごを引く

身体が開くとのけぞってしまうような姿勢になるため、膝を締めるようにしてつま先をまっすぐ前に向けて立ち、収縮のときには少しあごを引く。あごを上げると身体が伸びるので、力が抜けてしまう。

使用するバーの選択

EZバーでもストレートバーでも、どちらでもよい。ストレートバーの場合は上腕が外旋するような形になるので、短頭に効きやすい。EZバーだと長頭から上腕筋、腕橈骨筋に刺激が入る。

手幅

狭くても広くてもいいが、前腕が長い人は手幅を狭くすると前腕にばかり刺激が入ることがあるので、二頭に刺激がしっかり入る自分に合った幅を習得したい。

バーベルか、ダンベルか(用具の選択)

それぞれに良さはあるので好きなほうでよいが、安定した姿勢で高重量を求めるのであればバーベルで行ったほうがよい。

肘の位置

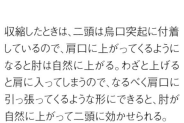

収縮したときは、二頭は烏口突起に付着しているので、肩口に上がってくるようになると肘は自然に上がる。わざと上げると肩に入ってしまうので、なるべく肩口に引っ張ってくるような形にできると、肘が自然に上がって二頭に効かせられる。

インクライン
ダンベルカール

TARGET | 上腕二頭筋、上腕筋、腕橈骨筋 |

丁寧に扱える重量で行う

スタートの位置が肩伸展位のため、短頭の唯一といってよいストレッチ種目。ただしケガのリスクもあるので、なるべく丁寧に扱える重さでやること。極力重たいものではやらない。

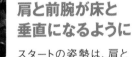

肩と前腕が床と垂直になるように

スタートの姿勢は、肩と前腕がなるべく床と垂直になるような位置に。そうしないと、十分なストレッチがかからない。

上体の角度

「私は身体が硬いので60度くらいで十分ですが、昔のボディビルダーのなかには、フラットベンチに完全に寝た状態でやられる方もいました。ただ、上体をそこまで傾けると、ストレッチはかけやすいのですが収縮はしづらいです」(鈴木)

スピネートさせる（ひねる）

ケガ予防につながるので、スピネートさせてもよい。ただその場合は、挙げ始めに親指、人さし指側から挙げると上腕筋や腕橈骨筋ばかり使うので、なるべく小指側から挙げていくような形にする。

プリチャーカール

肘は程よく曲げておく

肘は伸ばし切らない

肘が前方にある状態でカールするので、挙げ始めに短頭の遠位と上腕筋が発達しやすい。ただし、これもケガの多い種目なので、肘を伸ばすときには、伸ばし切らずに程よく屈曲させておいたほうがいい

肩を前に出す

長頭と短頭に効きやすいので、肩を少し下げて、肘を締めるような形で実施する。

コンセントレーションカール

TARGET | 上腕二頭筋 |

ダンベルの重量にも注意!

肩甲骨を開く

肩甲骨を開いて肩と胸が収縮するような形になると、短頭の起始と停止が近づくことになり、収縮がしやすくなる。

上腕と肩は床と垂直

上腕と肩を床と垂直にすることで、収縮位で最も負荷がかかるようになる（短頭のピークがつきやすい）。
肘屈曲位で止めることのできる重さで行うと刺激が入りやすい。

ハンマーカール

TARGET | 上腕筋 |

前腕を前に出さない

前腕を回外させずにそのまま
肘を屈曲させていくことで、短
頭の関与を防ぐことができる
ため、上腕筋で挙げてくること
になる。前腕を前に出すと腕
橈骨筋に効くので、肘はなる
べく自分の身体の近く辺りに
あるようにする。

上腕筋の強化は必要？

「上腕筋自体は、日頃からよく使っているので特に鍛えな
い方もいます。使っている分、ケガのしやすさもあるので注
意してください」（鈴木）
「自然な動作で物を持ち上げるときの動きですから、行った
ほうがいいというのが私の考えです。それに、下に隠れて
いるのでわかりにくいですが、上腕筋は意外に大きい。強
くて大きい筋肉なので重いものも持てます」（田代）

フレンチプレス

TARGET | 上腕三頭筋 |

ダンベルの持ち方

なるべく薬指、小指側で保持することで三頭に効きやすくなる。肘は痛くなければ閉じる。肘が開くと肩甲骨が寄って長頭の起始部が動いてしまい、刺激が逃げてしまうため。

浅めに座る

深く腰かけると直角的に下ろすことになり、肩が硬い人はうまく肩が伸展しない。そこで浅く腰かけてインクライン気味にすることにより、肩に負担なく伸展させることができる。
「ちなみに、やりやすいか、やりにくいかでいうと、立位ではできません。ショルダープレスと一緒です。バックプレスは一般的な肩の柔軟性があれば重りを持つことができますが、ミリタリープレスは立位で行わないし、そもそもできません（やってみるとわかると思います）」（田代）

トライセプスベンチ（ミリタリーベンチ）の有無

「背もたれの短いベンチがあるかないかでも、やりやすさはかなり違ってきます。ないのであれば、特に実施種目に入れる必要はないのではないか、というくらいです。」（田代）
「インクラインベンチだとできません。背もたれが長すぎるのでダンベルが当たってしまいます。また、腹圧も入らないので踏ん張れません」（鈴木）

ライイングトライセプスエクステンション

TARGET | 上腕三頭筋 | 「肘で支えすぎない」という感覚で

肘を傷めないよう注意

特に外側頭をしっかりストレッチでき、あとは長頭に少し刺激が入るような種目。フレンチプレス同様、三頭に効きやすいが、一番肘を傷めやすい種目でもあるので注意。肘が痛くなければ、軽く閉じながら下ろす。

「肘を固定しすぎると傷めてしまうので、丁寧かつ三頭の筋腹で刺激を受けるというイメージで実施しましょう」（鈴木）

「感覚的には『肘で支えすぎない』というところでしょうか」（田代）

手首の使い方

負荷が逃げないようにする。手首を返さないようにして、なるべく手のひらの真ん中の部分よりも手首に近い部分で押す。

バーベルを下ろす位置

下ろす位置は基本おでこだが、腕の長さにもよる。腕が長い人はおでこよりも上（頭の上）に下ろす形でしっかりと長頭に効かせたほうがいい。腕が短い人がおでこよりも上に下ろそうとすると、背中や前腕に刺激が入ってしまう。

バリエーション：おでこよりも上（頭の上）にバーベルを下ろす

長頭をストレッチさせることが狙い。

「長頭は肩関節と肘関節をまたぐ2関節筋、外側頭と内側頭は肘関節のみをまたぐ単関節筋です。そのため、肘だけを動かす動作だと外側頭と内側頭に効きますが、バーベルを下ろす位置を上方にすることで肩関節の動作が加わり、長頭にも効きます」（鈴木）

ケーブルプレスダウン

スタートポジション

肩を落として軽く脇を締めることで、肩が上がりにくくなる。その姿勢で戻すようにすると、三頭にストレッチがかかりやすい。

ケーブルの角度（ケーブルの高さと立ち位置）

今回使用しているケーブルマシンでは、立ち位置を下げる（マシンから離れる）とケーブルの軌道がなだらかになる。それによって肘の屈曲が変わってくる。立ち位置を前にする（マシンに近づく）と力を抜いた状態でストレッチがきちんとかけられるが、立ち位置を下げると引っ張られて前腕に刺激が入ってしまう可能性がある。自分に合った（伸展・収縮を感じやすい）位置があるはずなので調整したい。

グリップ

手首を返してしまうと力が抜けてしまうので、上から少し押さえてアタッチメントにひっかけるような形に。ただし、アタッチメントを握ってしまうと前腕で受けてしまうため、握らず、かつ手首が返らないようにうまくホールドできる位置に合わせる。

手のひらよりも手首に近い部分で押す

押すときには逆に、少し手首を返したような形になるが、このときも手首を入れてしまうと前腕の動きになってしまうので、なるべく手のひらの真ん中の部分よりも手首に近い部分で押すと、三頭に刺激が入りやすい。「肘は動かさず手首を柔軟に、というイメージです。逆に、手首を固定して肘を動かす人がいますが、それでは三頭ではなく背中に刺激が入ることになります」（田代）

バリエーション1:ケーブルプッシュダウン

プレスダウンよりも前に押すことで外側頭により刺激が入る。

「三頭はプッシュの動きだと肘の屈曲が強調されるので、より外側頭に効きます。プレスダウンはエクステンションするような形になり、肩の屈曲と伸展が加わるので、長頭のほうに入りやすいといえます」(鈴木)

バリエーション2:アタッチメントをロープに変更

フィニッシュで"人"という字を書くように外に引っ張るので、外側頭に刺激が入る。スタートで上腕をやや外旋させてストレッチをかけ、フィニッシュでやや内旋させて収縮するイメージ。

クローズグリップベンチプレス

バーベルを
下ろす位置

胸の辺りに下ろす。クローズグリップベンチプレスの長所は、重量が扱えて三頭に効かせられること。しかしながら、下ろす位置が下すぎると肘の屈曲が十分に行われない。また、上すぎてしまうと肘を傷めてしまったり、重さが効率よく挙がらず手首を傷めてしまったりするので注意。

無理にバーベルを胸につけない

下ろしたときにバーベルが胸につくのであればつけてもいいが、無理につけようとすると肩で上げ下げすることになるので、肘をしっかり曲げて下ろせるところまででよい。

重量が扱えて
三頭に効かせられる種目

手幅

手幅を狭くして握ることで、肩の伸展ではなく肘の屈曲が出るので、三頭に入るようになる。ただし、逆に狭く握りすぎてしまうと体勢が安定せず、また手首を傷めてしまう恐れがあるので注意。肩幅を目安にしたい。

握ったときの重心の位置

人さし指側（内側）のほうで押すと胸に刺激が入ってしまうため、なるべく小指側（外側）に近い部分で押す。

バリエーション:
足をベンチにのせて行う

ベンチに足をのせた状態で行うと、上体が屈曲姿勢になりやすいので、下ろしたときに三頭にストレッチがかかりやすくなる。

キックバック

TARGET | 上腕三頭筋 |

下を向かない

顔は前に向けること。三頭は上腕を伸ばしたときに働く筋肉なので、下を向くことで身体を縮めてしまうと、腕がしっかり伸びきらない。

肘を下げない

肩・肘が床と平行になるようにし、肘を固定して後ろに押すような動作で行う。ただし、肘を意図的に動かして行うキックバックもある。肘を動かすことで長頭が働く。

肘を伸展させた状態で止められる重量で行う

キックバックは、肘を伸展させた状態で止めたときにしか負荷がかからないので、上で動作を止められる＝三頭を収縮させられる重さで行うのがよい。

「高重量も扱えるのですが、肘伸展位で止められないので、実は負荷があまりかかりません。高重量で振り上げて、我慢しながら下げるようにすると効きます。そういう意味では重量設定が難しい種目といえます」（鈴木）

「簡単でケガも少ないため、女性を中心に実施するケースが多いですが、肘伸展位でしか負荷がかからないという運動効率の低さを考えると、ほかの種目をきちんとやることをお勧めしたいですね」（田代

Chapter:6

腹筋 のトレーニング

「腹筋」は高回数で行う人が多かったり、腹筋単独ではなくほかの部位のトレーニングと併せて実施したりするなど、異なる雰囲気をもつ場所だが、決して特別な部位ではない。腹筋の捉え方や強化方法について、田代さんと佐藤さんにお話を伺った。

DISCUSSION

田代 誠 × 佐藤貴規

「腹筋は特別な部位ではない！ ほかの部位と同じように強化すべき」

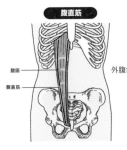

腹直筋

腱画
腹直筋

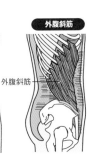

外腹斜筋

外腹斜筋

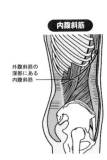

内腹斜筋

外腹斜筋の深部にある内腹斜筋

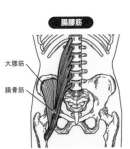

腸腰筋

大腰筋
腸骨筋

腹筋が担う二つの役割

――「腹筋」について、どのような部位だと捉えていますか？

佐藤 一つは体幹を安定させる、つまりほかのトレーニングを行う際の補助の役割があると思います。もう一つは、ボディビル的にいえばやはり見せる部位なので、見栄えもよくしなければなりません。私は見せるためのトレーニングもしっかりやったほうがよいと思っていますので、腹筋は腹筋で、今は3種目ほどやるようにしています。

田代 私はマシンのクランチだけですね。それは今、佐藤君が言った見せるためのトレーニングとしてやります。体幹を安定させるということに関しては、高重量を扱う際にきちんと機能させられているので、それ以上の強化は必要ありません。高重量を持てるようになるまでには長い年月がかかるわけですが、少しずつ重量が上がるのと並行して体幹も自然に鍛えられます。逆にいえば、体幹が安定していなければ高重量は持てないということです。

――見せるためのトレーニングは、大会に向けた仕上げの位置づけですか？　一定の期間だけ導入されるのでしょうか。

田代 いや、年間を通してやっていますよ。皆さん、腹筋というとどこか特別な部位だと捉えている方が多いのですが、私はほかの部位と一緒だと思っています。ですから、例えば腕を鍛えるのと同じように腹筋も鍛えます。具体的にいうと、やっと10回できるくらいの重量でセットを繰り返します。やり込めば扱う重量は増えていきますから、「前回は○キロ

で×回だったから、今日は△キロで×回やるべきだ」などというふうに考えてやっています。

――佐藤さんはいかがですか？

佐藤 私は1セット100回と、高回数ですね。うまくコントロールできない苦手な部位は、割り切って高回数でやるようにしているので。ですから、腹筋だから高回数という考え方ではなく、例えば腕も高回数でやるときがありますし、そのなかの1つが腹筋、という感覚です。

田代 すごいよね。私だったら、途中で回数を忘れてしまいます。「あれ、今何回だっけ？」と（笑）。

佐藤 たまにそういうときもありますよ（笑）。でも実は、回数はあまり重要ではないと考えています。結果的に追い込めさえすればいいので、回数が100回でも99回でも、もっといえば120回でも別に構いません。そこのところは、ある程度感覚に頼っている部分があります

腹筋は回数の多い・少ないが分かれる種目。佐藤さんの場合は、うまくコントロールできない部位の一つであることから、高回数で行うとのこと

ね。

——自重で実施される際、トレーニングの強度をステップアップさせたい場合はどうするのですか？

佐藤 私は角度を変えています。負荷を足したい場合には、頭を下げてデクラインにする、といった具合ですね。

——種目数からしても、ほかの部位のように単独で「腹筋の日」は設定されないと思います。どういう形で導入されますか？

佐藤 私は胸の日に入れています。胸のトレーニングが時間的に一番短く済んで、体力的にも余力がありますので。加えて、脚や背中の種目だと、割に体幹を動員するものが多いのですが、胸は腹筋に対して影響が少ない部位というのもあります。

田代 私は時期によって違います。そもそもとして、1回のトレーニング時間を2時間と決めているんです。そうすると時期によって、胸のトレーニングに重点を置きたいときもあれば、背中の種目を増やしたいときもある。それによって、もちろんトレーニング時間も前後してくることになりますから、1時間半くらいでトレーニングが終わる日に腹筋を入れ込む形です。なので、肩の日に入れていたこともあれば、ハムストリングの日に入れていたこともありますし、腕の日に入れていたこともありますね。

腹直筋を鍛えるなら 1000回は不可能!?

——腹筋を強化する上でのポイントは？

佐藤 どの部位にもいえることですが、腹筋に関してもやはり、使いたい筋肉を

きちんと動かせるか、意識できるかということです。周辺の筋肉を使ってしまって、結果的に腹筋への刺激が少ないというケースは一般の方にも多いと思うので、その点は注意が必要でしょう。

田代 そうですね。あとは前述したように、基本的にはほかの部位と一緒で、特別な部位ではないということです。ですから私個人としては、自重ではなくマシンで強化しますし、セット当たり10回できる重量を伸ばしていくと考えています。

——腹筋は、例えば「1日1000回」というように極端な高回数を設定し、とにかく回数をこなすことをよしとしている方も少なくないように思います。その点についてはどのようにお考えですか？

田代 腹直筋を鍛えるのなら、1000回もできないですよね。ひと口に腹筋といってもいろいろな種類があります。仮に、腸腰筋を鍛えるためにやっているのなら、それはよいと思うんです。腸腰筋は筋持久力が高く、パワーも大きいので1000回できますし、腸腰筋は鍛えなければいけないと思っていますから。そういう意図でやっているのであれば、特にアスリートなどはやるべきだと私は考えます。けれども、腹直筋を鍛えるつもりで1000回やるというのなら、それはちょっと違うのではないかな、と。本当に腹直筋に効かせて1000回できたら、佐藤君、すごいと思わない？

佐藤 相当すごいと思います。

——なるほど。腹筋にはいろいろな種類があるという点でいえば、腹斜筋もその一つです。

田代 腹筋って、実は腹直筋だけではな

く外腹斜筋も大切です。けれども皆さん、おろそかにしてしまっていますね。

佐藤　確かに、差が出るのは腹斜筋です。

——お二人は腹斜筋の強化については、どのようなことをされていますか？

佐藤　何もしていないです……。

田代　私も、です。昔はやっていましたけど。

佐藤　私は昔からやっていません。腹筋のトレーニングをすると、腹直筋よりも腹斜筋のほうに効きやすいからです。私にとっては、腹直筋に効かせることのほうが難しく、苦労しているので、腹斜筋だけに特化してやったことがないのです。

——田代さんが、今は腹斜筋のトレーニングをされない理由は？

田代　佐藤君もそうだと思いますが、現段階での腹斜筋について、不満が特にな

いからですね。特にトレーニングしなくても、絞ればきちんと出てきますし。これ以上バルクをつけて……とはあまり考えていないです。もちろん、きっちりやれば鍛えられる場所ですから、鍛えておいたほうがいいに越したことはありません。鍛えてマイナスになることはないです。

——腹斜筋を鍛えるポイントは？

田代　高重量でいろいろなことをやる。腹斜筋は特にそうです。

佐藤　腹直筋は上から下へ、縦にまっすぐ走っていますけど、腹斜筋は筋の走行が斜めですから、いろいろな方向、角度でのトレーニングが必要です。

パックの形は変わらない。変えられるのは厚みだけ

——腹筋といえば、やはり腹直筋の「パック」の見栄えが重要だと思います。

田代　パックの形は、生まれながらに決まっています。例えば上腕二頭筋のピークが出る人と出ない人とがいますが、それは腱と筋肉の関係で決まるのであり、鍛えたからといって腱が短くなることは絶対にない。それと一緒です。基本的にはケガをして筋肉が断裂するなどの〝何か〟がない限り、形は変わりません。それに、形がいびつだからということが、ボディビル競技においてマイナスに評価されることは、あまり聞かないですね。

ほかと一緒で特別な部位ではないから、私は10回できる重量を伸ばしていくのが基本。（田代）

高回数でやる場合も、回数は重視していない。結果的に追い込めればいいというスタンス。（佐藤）

それがその人の個性ですから。私はパックが4つしかないんですよ。でも、なかには8つある人もいますし。

——佐藤さんは？

佐藤 平均的な6パックです。ただ、私の場合は横幅が細いですね。

田代 それも生まれつきですからね。変えられるのは厚みだけです。筋肉は太くできるわけですから、パックの厚みをつけることは可能です。

——では、厚みをつけてパックを際立たせるためには？

田代 キッチリ鍛えるということです。ただ、脂肪を落とせばパックは出てくるものです。女性の場合は鍛えないと難しいですし、鍛えてもあまり出ないという方もいますが、一般男性であれば、パックの薄い・厚いはあるにせよ、体脂肪を落とせば腹筋は割れています。

——減量期に、おなかの肉をつまんでどのくらい絞れたか確認される方もいます。パックの出方は除脂肪の目安にもなり得ますか？

田代 私はウエストのサイズを測ります。腹筋が太くなるのには限度があって、鍛えたからといってものすごく厚くなるかというと、そうでもありません。つまり、筋肉ではウエストサイズは変わらないということです。ウエストが太くなったとしたら、それは脂肪がつくことで太くなっているし、脂肪が落ちたからウエストが細くなっているわけです。

——佐藤さんもウエストを測られますか？

佐藤 私は測らないです。

田代 基本的には見て確かめるよね。

佐藤 そうですね。私の場合、上半身は割と仕上がるのが早く、背中や臀部、ハムストリングなどを見ながら調整することのほうが多いです。仕上がりがうまくいかない人は、上半身が絞れたことで仕上がった気になってしまって、実は脚が仕上がっていない……とうような方が多い気がします。

——上半身だけを指標にしてしまうと、落とし穴がある、と。

佐藤 そうですね。仕上がっていないところを仕上がるようにする、ということを基準にしたほうがいいのではないでしょうか。

シットアップ

TARGET | 腹直筋 |

回数

「腹直筋を鍛えるのであれば、100回もできないと思います。どんなに強い人でも30回くらいでオールアウトできると思いますし、10回くらいしかできない人もいます。ですから、回数というよりは、きっちりとした動作で行うことが大事です。もちろん、日々少しずつ回数を伸ばしていくことは考えたほうがいいでしょう。ある程度回数をこなせるようになったら、負荷を上げます」（田代）

テンポ

「すべての種目に言えますが、負荷をかけながら動作を行うことがポイントなので、テンポがあまり速すぎると負荷がかかっている時間が短くなります。丁寧に、ゆっくり行うのがポイントです」（佐藤）

呼吸

基本的には息を吐きながら腹筋を縮める。「ただし、完全に息を吐ききろうとすると力が入らなくなるので、そこは加減が難しいといえます」（佐藤）

実施場所

今回はベンチを使っているが、床ででもいいし、何かに足を引っかけて行ってもよい。

腹直筋を縮める意識

背中がまっすぐ（フラット）な状態から、そのまま上体を起こすのではなく、腹直筋を縮めるように丸めながら起き上がる。そして、丸めた上体を伸ばしながら元に戻す。腹直筋を縮める意識をもち、かつ、より収縮させるために上体を起こす意識で行うとよい。

負荷のかけ方

負荷をかけたい場合の方法は2つある。頭の上にプレートやダンベルを持つ方法と、ベンチ台の角度をつけていく方法。

シットアップ

上げるのは
「レッグ」というより「骨盤」

TARGET 腹直筋（下部）

背中を丸めながら
骨盤を上げていく

レッグレイズの言葉通りに脚を上げていくというよりは、骨盤を上げると考えるとよい。クッションがついている利点は、身体の角度を変えられるので、骨盤を上げやすいこと。

膝の角度

膝はまっすぐ伸ばしていても、写真のように折り曲げていてもどちらでもよい。膝を伸ばしたほうが負荷はキツくなるが、やりやすい形で行いたい。

マシンの種類

今回使用しているマシンは、後ろにクッションがついているが、基本的にはどれで行っても同じ。

アブコースター

シートにペッタリと座らない！

TARGET 腹直筋（下部）

やっていて楽しい

「アメリカでも人気のあるマシンの1つです。まず、やっていて楽しいです。基本的にはレッグレイズのカテゴリーの種目になっていて、負荷を重くしながらできます」（田代）

背中を丸めながら
骨盤を上げていく

ペッタリ座って、座面をスライドさせているだけではどこの筋肉も鍛えられない。膝を立てて背中を丸め、骨盤をもっていくのがコツ。きちんと行えばそんなに高回数はできない。

佐藤スペシャル

腹筋では数少ないストレッチ種目

TARGET │ 腹直筋 │

腰の動作が 関与しにくい

「クランチやシットアップもそうですが、筋肉が伸びているところで負荷をかけるのが難しいので、伸びた状態で負荷をかけることを意識して行っています。ボディビルのポージング（アブドミナル＆サイ）の力のかけ方に近く、伸ばすときに背中を丸めた状態で腹直筋だけをピンと張ります。腹筋を前に押し出しながら力を発揮できます」（佐藤）

本来の使い方とは 違うので注意!

このマシンは本来、うつぶせにセットしてバックエクステンションを行うものであり、スタンダードな使い方ではない。実施の際には注意が必要。

クランチ

腹直筋にフォーカスしたいならこれ!

TARGET │ 腹直筋 │

初心者はクランチから

女性も含め、トレーニングを始めたばかりの人に向いている。

可動域

シットアップをよりわかりやすくしたもの。可動域はかなり狭いが、腹直筋の本来の可動域はこのくらいしかない。腹直筋にフォーカスして鍛えるなら、シットアップよりもクランチがいい。

シットアップ

TARGET | 腹直筋 |

スタートポジション

シットアップの考え方と同じで、上体がまっすぐな状態から少し後ろにストレッチをかけた形がスタートポジションとなる。

可動域

可動域はそんなに広くないので、腹直筋をしっかり伸ばして縮めるというイメージで行う。きちんと動作ができる範囲内で重量や回数を伸ばしていきやすい種目。

113

アブツイスト

TARGET | **外腹斜筋** |

斜めの動きが
しやすい

アブベンチ自体が斜め
方向へ動きやすいので、
筋肉の流れに沿って筋
発揮が可能。

ダイエットについて考える

田代誠

佐藤貴規

「減量は、しっかり期間を設けて計画的に!」

各部位の筋肉を太く、強くしたなら、その筋肉の見栄えをよりよくすることも考えてみるのが
真のトレーニーではないだろうか。
つまり脂肪をそぎ落としていくわけだが、減量は脂肪だけでなく、
せっかく蓄えた筋肉をも痩せさせるリスクが……。
筋量をできるだけ維持して脂肪を落とすためには、どうすべきか?
ここでは、田代、佐藤両氏に減量期のトレーニングや食事についてお話を伺った。
ボディビルダーではなくとも、参考になる部分がきっとあるはずだ。

苦手なものを食べる必要はない

——減量期に入ったときに、トレーニングや食事の面でどのような変化がありますか？

佐藤 トレーニングについては基本、変わりません。というよりも、変えないほうがいいと考えています。扱う重量が落ちるということは、筋肉に対する刺激も落ちるということ。挙上重量が１００kgから80kgになれば、80kgを扱っていた頃の体形に戻るわけで、当然筋肉は落ちてしまいます。ですから、重量は極力落としてはいけないと思っています。回数も落ちないに越したことはないですね。基本、私は落ちません。

田代 私もトレーニングは変わらないです。ただ、シーズンが始まったらずっと同じことをやりたいのですが、シーズンが長いと飽きてしまうこともあります。そのためシーズン途中でも、気分やあるいは「こういうことをやりたい」と考えを巡らせた末に、種目を変えたり追加したりすることはありますが、減量期だから変えるということはありません。

佐藤 私も身体を仕上げていくなかで、「ちょっと思っていたのと違うな」とか「もう少しここを何とかしないと……」とかというところがある場合には、種目を変更したり追加したりすることはあるかもしれません。基本的には変えないのですが。

——食事についてはいかがでしょうか？

佐藤 食事も極力変えないようにしています。摂取カロリーを減らすことを前提にして減量を進めると、どうしてもエネルギーが不足しがちになり、トレーニングが満足にできなくなるという悪循環に陥りやすいからです。まずは、なるべく摂取カロリーを維持しながら、落とせる方法を試行錯誤すべき。それでも落ちなくなったら、カロリーを調整し始めるのがいいと思います。

——摂取カロリーを維持しながら落とすというのは、具体的には何を変えるのですか？

佐藤 １日３回だった食事を４〜５回と小分けにしたり、あとは炭水化物を早い時間帯にとるようにしたりします。基本的にオンとオフで食事の内容はほとんど一緒で、変わるのは炭水化物の摂取量だけですね。

田代 私もベースの部分は変わりません。食事のタイミングも内容も、オンでもオフでも一緒です。違う部分といえば、オフには炭水化物の量が多少増えるのと、食事に誘われれば行く、ということでしょうか。２日に１回くらい外食をしたり、「一口食べてみたいな」というものに手を出したりします。逆にいえば、そういうことで身体は変わる。脂肪がのってきてしまうということです。

——いつも同じ食事内容だと、飽きてしまわないですか？

佐藤 飽きないですね。そういう感覚はあまりないです。どちらかというと、身体づくりに必要な栄養素だからとる、という感じです。

田代 飽きないものを食べればいいんじゃないかと思いますけどね。減量中だからといって、「おいしくない」と思うものを食べてはダメだと思うんです。おいしい減量食はたくさんありますから。タンパク源にしても、鶏だけではありません。

魚もあれば、脂肪の少ない牛肉もあるし、大豆食品もある。「嫌いだけど減量中だから仕方なく……」などと言って鶏肉を食べる人がいますが、魚でもいいわけです。そうしてストレスのない食事をとっていれば、飽きることはないと思いますね。毎日白米を食べたからといって、飽きないはずです。それと一緒で、食べたくないものを無理して食べているから、よくないのだと思います。

――ストレスをためてしまっている、と。

田代 そう。ただ、30～40年前にはそういうこともありました。今に比べれば、健康的に食べられる食材が少なかったために、本当は好きではないけれどもササミだけ食べています、という人はいたと思います。けれども今は、選択肢がたくさんありますからね。佐藤君が毎日卵をたくさん食べているのは、きっと卵が大好きだからなんですよ。

佐藤 （笑）。私は基本何でもおいしく食べられるタイプです。食に対してストレスは全く感じないですね。我慢している感覚もありません。

田代 私もオフになるとよく「デザートは食べなくていいの？」と言われるのですが、そもそも甘いものが特に好きなわけでもないので、欲しないんです。

佐藤 私もごくたまに、瞬間的に甘いものが食べたくなることはありますが、結局食べないことのほうが多いですね。食べたい欲求よりも、もっと身体をよくしたいという欲求のほうが勝つので。

今ついている脂肪は有酸素運動で落とす

田代 あと、私は有酸素運動ですね。今ついている脂肪量をこれ以上増やさないようにするには、食事をオン用に変えればいいわけです。そうすれば、それ以上脂肪はのりません。でも、今ついている

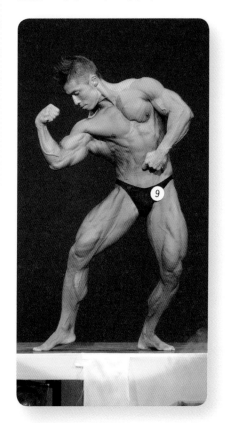

「扱う重量が落ちるということは、筋肉に対する刺激も落ちるということ。当然筋肉は落ちてしまう」（佐藤）

「オフには、炭水化物の量が多少増え、
食事に誘われれば行く。
逆にいえばそういうことで身体は変わる」（田代）

週に1回か、2週に1回の割合で、意図的にしゃぶしゃぶだったり、焼き肉だったりを食べる日を入れます。これは、精神的に負けたチートデーとは違って、もともと栄養補給のために入れようと思って取り入れている食事です。いうなれば「維持のためのテクニック」ですね。これは仕上がるまではやりません。きっちり仕上がった状態を維持しなければいけないときのみです。

佐藤 一般の方でも、「ちゃんとやっているのに痩せない」という人がいますよね。きっと7～8割はちゃんとしていると思うんですけど、残りの2～3割がダメだから変わらないというのは大きいと思います。

田代 「これくらいなら大丈夫でしょ」という感じで食べますけど、大丈夫じゃないですから、絶対に。おにぎりを1個余分に食べるだけで違うのですから。食べたら、3日間は身体がダメですね。それは減量を続けて身体が極限状態になっているときは特に、すぐにわかります。栄養補給のためだからといって、そんなに食べるわけではありませんが、たった1食で変わります。それでも、有酸素運動をちゃんとしていれば、3日間もすれば元に戻ります。仕上がった後に維持するときは、それを繰り返していくわけです。

──佐藤さんも有酸素運動はされますか？

ものは落としていく必要があって、私は有酸素運動で落とすと考えています。ですからシーズンに入ったら、食事は一切変えないですね。途中で増やしたり減らしたりすることもありません。特にきっちり仕上がるまではそうです。逆に仕上がってからは、特に夏場などは身体が疲れてきてしまうので、そういうときには

佐藤　基本的には大会の1ヵ月くらい前まではむしろ、有酸素運動をやらないように気をつけています。なるべく食事で落とすようにします。それでもある程度までは落とすことができます。有酸素運動を取り入れようとすると、そのための時間を確保しなければいけませんが、私の場合は削るとしたら睡眠しかない。けれども、睡眠時間はある程度確保したいので、最終手段ですよね。最後の1ヵ月くらいであれば、多少睡眠時間を削っても何とか頑張れるので、最後の追い込みの段階で導入します。

——具体的にはどういった運動を？

佐藤　朝、1時間ほど家の近所を散歩します。一番空腹な状態、体内のエネルギーが少ないほうが脂肪は燃えやすいですから。

——田代さんはいかがですか？　去年は、有酸素運動を兼ねて山登りもされていた、と伺いました。

田代　それは今もやっていますね。オフには有酸素運動は必要ではないのですが、歩きたいので（笑）。特に休みの日はまとめて歩きます。それは減量というよりも、リフレッシュやストレス発散の意味合いが強いです。休み以外でも、トレッドミルで歩くこともあります。そこに時間が取られてしまうというのは確かにありますが、時間さえあればいくらでも歩きたいですね。歩いて筋量が落ちることはないですし、私は歩いたほうが調子がいいので。減量期に関していえば、ベストなのはやはり朝起きて空腹の状態で1時間くらい歩くこと。それが難しければ、トレーニングの直後に少し歩くといいでしょう。

——山に行かれるとどのくらい歩かれるのですか？

田代　多いときは15時間。10時間で登って5時間で下りてきます。普通でも10〜12時間は歩きますね。1日歩くと、冬場でも3kgは落ちます。そのうちの1〜2kgは水分ですが。でも、筋量は落ちないですよ。

——できる限り筋量は維持して、脂肪をそぎ落とすためのポイントはありますか？

田代　トレーニングを変えないことですね。オフと同じことをやって、扱う重量が落ちることに心が負けないことです。大体落ちてきてしまうものなので、そのときに「もうダメだ」と落とさない。どんなに疲れていても、オフのときに扱っていた重量を1回は持つんだ、というふうに思っておかないといけません。

イライラや重量の低下は
減量が順調でない証拠

——お二人はどのくらいの期間をかけて減量されるのですか？

田代　私は、何もなければ3ヵ月で十分です。オンとオフの体重差は8kgほどですが、3ヵ月かけて落として、1ヵ月維持するイメージです。今年はまだ予定にないのですが、ゲストポーズが入ると、やはり呼んでいただいている以上は、それなりに見せられる、その時点でのベストな身体で臨みたいと思うので、そういう場合には少し早く仕上げるようにします。

佐藤　私は減量幅が4〜5kgで、4ヵ月前から減量に入ります。実質、3ヵ月く

らいで仕上がるのですが、残りの1ヵ月は予備期間というか、うまく仕上がらなかったなどのアクシデントに備えるための期間と考えます。維持するのは簡単なので。ですから実質、月に1kgちょっと落とすペースです。

田代 一番大事なのは、逆算して期間をしっかりと設けることです。4ヵ月なら4ヵ月と決めて、そして余裕をもって減量を進めます。「大会まであと1ヵ月しかない！」ではダメです。それから途中、イライラしたり扱う重量が落ちたりするのは、減量がうまくいっていない証拠なので、1回見直したほうがいいでしょう。順調に落とせているのであれば、変えずにそのままいけばいいのです。

佐藤 適正な計画は大事だと思います。私も今年は日本クラス別選手権、そしてアジア選手権と、65kg以下級で出場したことで普段と違う計画となり、結構苦労しました。計画の重要性を、身をもって痛感しましたね……。一般の方がダイエ

ットしたいという場合も、計画に無理があることが多いと思うのですよね。難しい条件でやろうとしているからうまくいかないのではないかな、と。

田代 減量に関しては、90点取れればいいかな、という感覚です。もちろん100点を目指すのですが、それは絶対に無理ですから。ただし、計画自体はパーフェクトに作っておかなければいけません。計画は100点で、実行で90点取れれば御の字。その人はそれで90点です。でも、80点の計画で80％の仕上がりだと、64点にしかならないわけです。それでは見る影もありません。それに計画をきちんと立てられる人は、たとえ人から「大丈夫？」「ダメじゃない？」と言われても、「現段階の自分の身体はこれだから」とわかるので、軸がぶれることはありません。一方で、己をもっていない人は、人に言われたことで焦って計画を変更しがちです。今の状態がいいのか悪いのかが自分で判断できていないのですよね。

サプリメントの極意

1日の必須アイテムがまるわかり

体づくりには欠かせないのが栄養。
食事だけで補うのが理想ではあるが、現実的には難しい場合も。そんなときに心強いのがサプリメントだ。
元・日本ボディビル選手権ファイナリストで、
現役を引退した現在は、ゴールドジム製品の開発に取り組んでいる
佐藤貴規さんに、押さえておきたいサプリメントと摂取のタイミングを解説してもらった。

～はじめに～

　トレーニング後の30分〜1時間はゴールデンタイムといわれ、この時間帯に合わせてタンパク質をとると、筋肉の成長や合成が特に高まることはよく知られています。しかし、筋肉の修復や成長は48〜72時間にわたって行われており、ゴールデンタイムにサプリメントをとったからといって、それ以降の栄養補給をおざなりにしていると、せっかくの成長のチャンスを逃すことになります。トレーニング直後の栄養摂取も重要ですが、ともすればそれ以上に、日頃からの食事やサプリメントが、トレーニングの成果を大きく左右するのです。

　日本人が1年間で増やせる筋量の上限は、一説には2kgといわれています。この数字の正確性はさておき、半年であれば1kg、1ヵ月であれば約167gが、上積みできる筋量の限界だということです。ということは、半年間怠けてしまったら、

その後はどうやっても1kgしか増やすことはできず、帳尻合わせは不可能です。瞬間、瞬間の積み重ねによって筋肉は成長します。「サプリメントを切らしてしまったけど、後で余分にとっておけばいいだろう」という考え方は通用しません。トレーニングの効果を最大限得たいのであれば、365日、サプリメンテーションにも手を抜かずに取り組んでください。

人それぞれ生活リズムは違い、トレーニングを行う時間もさまざまだと思いますが、ここでは左の表のように、7時に起床し、9時から18時まで勤務。19時から21時までトレーニングを行うサイクルをモデルにして、摂取したいサプリメントとその効果を紹介していきます。

サプリメントを選ぶ上では、品質をしっかりと見ることが重要です。スポーツショップなどのサプリメントコーナーをのぞくと、非常に多くの商品が陳列されており、どれを手にしていいか戸惑ってしまうこともあると思います。口にするものだけに、サプリメント選びには十分

に慎重になる必要があります。

当社の製品は「結果に結びつくアイテム」をコンセプトに、使用者のニーズや嗜好を考慮し、エビデンス、安全性が確認された原材料を厳選し、厳しい品質チェックが行われます。製造工程では、日本国内の大手食品メーカーや医薬品製造工場にて、厳しい検査・管理の下に製造しています。効果や安全性には非常に留意しています。これからもよりよいサプリメントをお届けできるよう、心血を注いでいくつもりです。

〜朝〜

まずは起床時です。朝にとるべきものは朝食の内容によって変わり、しっかり食事管理し、朝食で炭水化物やタンパク質を摂取できているのであれば、特にサプリメントをとる必要はありません。ただ、就寝している間は何も口にしておらず、起床直後は栄養が枯渇しているといえます。固形物は消化に時間がかかり、筋肉の栄養不足が長引く恐れがあります。

起床直後は
エネルギー不足の可能性大。
『ホエイプロテイン』で
速やかな栄養補給を。

『アルティメットリカバリー
ブラックマカ&
テストフェン＋α』や
『グルタミンパウダー』など
回復系サプリメントで
疲れた体をケア。

表1
**1日のタイム
　スケジュール**

時	0	1	2	3	4	5	6	7	8	9	10	11	12	13	14	15	16	17	18	19	20	21	22	23
内容	就寝							朝食	出勤	勤務			昼食	勤務					帰宅	トレーニング		夕食	フリー	

昼食までのつなぎに
タンパク質と炭水化物を摂取。
タンパク質には『ホエイプロテイン』。
『ミールリプレイスメント』なら
炭水化物の補給もできる。

そこでお勧めしたいのが、朝一番の『ホエイプロテイン』です。

私も毎朝、朝食までの一時しのぎとして、10g 飲むようにしています。ちゃんとした朝食をとる時間的な余裕がない、朝は食欲がなく、多くは食べられないという人は、量を20 ～ 30g に増やし、ご飯やパンで炭水化物を補うとよいでしょう。ちなみに私は、朝食は卵かけご飯を食べることが多いです。現役時代は毎朝6 ～ 7個の卵を食べており、卵1個には6 ～ 7g のタンパク質が含まれているので、朝食では約40g のタンパク質をとっていました。プロテインと合わせると、朝に約50g のタンパク質を摂取していることになります。

起床後に最優先すべきは、空腹時間をできるだけ短くし、体に栄養を巡らせることです。朝食で補い切れていないのであれば『マルチビタミン＆ミネラル』をとってもよいでしょう。また、鈴木雅選手は起床後に『グルタミンパウダー』をとり、コンディションを整えるそうです。

～朝食から昼食まで～

職場の環境にもよるでしょうが、出勤してから昼食までには時間が空いてしまうため、可能ならば何か口にしたいところです。私の場合は9時30分始業なので、その直前におにぎりなどの炭水化物と、ホエイプロテインを1回分（約30g）とるようにしています。空腹時間があるということは、体づくりに必要な栄養が切れてしまっているということです。それを防ぐために、食事ができなくなる時間帯のギリギリ前に、栄養を補給することがポイントです。仕事中に飲食できるので

あれば、朝食と昼食のちょうど中間の時間にとるようにしましょう。『ミールリプレイスメント』はタンパク質と炭水化物を摂取でき、14種類のビタミン・ミネラル、4・6g の食物繊維などもバランスよく含まれているので、代替食として役立ちます。

～間食～

12時に昼食をとり、18時に勤務を終えたとすると、昼食から6時間空いてしまうことになります。さらに19 ～ 20時にトレーニングをスタートすることを考えると、ホエイプロテインで体づくりのためのタンパク質を、おにぎりやバナナ、エネルギーゼリーなどでトレーニングのための糖質を補給したいところです。

摂取のタイミングなどは、後述するトレーニング前後の栄養補給を参照してください。

～夕食後から就寝まで～

夕食は1日のうちで最も時間の余裕があり、必要な栄養は食事だけでまかなえていることが多いといえます。そのため、夕食でタンパク質が不足している場合を除けば、さらにプロテインをとる必要はありません。

就寝前には、1日の疲れをケアするサプリメントをお勧めします。リカバリー系の『アルティメットリカバリー ブラックマカ＆テストフェン＋α』や、筋分解を抑える働きと、成長ホルモン分泌促進効果のあるグルタミンがお勧めです。

～目的に応じたサプリメント～

以上が1日の大まかなサプリメントの

種類とタイミングです。これまでに紹介した以外にも、目的に応じてプラスしたいものがあります。

　例えばクイックリフトなどの瞬発力や、普段よりも重い重量を扱うパワーがほしければ、『クレアチンパウダー』が効果的です。とり始めの最初の5日間はローディング期間として、朝、昼、間食、晩と、1日4回、5gずつを摂取しましょう。6日目以降のメンテナンス期間は、1日1回、5gをトレーニング前後にとってください。

　また、ダイエットや減量をしたいのであれば、脂肪燃焼効果のある『CLA（共役リノール酸）』や『L-カルニチン』がお勧めです。CLAは不飽和脂肪酸なので、食事の脂と一緒に摂取したほうが吸収がよく、1日6〜9粒を、毎食後に均等に分けてとりましょう。カルニチンは特に適切な摂取のタイミングは決まっておらず、1日のいずれかのタイミングで、2回に分けて2〜4粒をとってください。カルニチンは運動をする直前のほうが効果が高いと考えられがちですが、あらかじめ体内にストックしておき、運動中に消費することが重要です。そのため、トレーニング直前だと体内に吸収されるまでに時間がかかってしまうので、日中に摂取しておき、体のなかに貯蓄しておくようにしてください。

　オンシーズンとオフシーズンで摂取するサプリメントの種類はそれほど変わらず、これらの脂肪燃焼系のサプリメントの有無程度です。オフシーズンに筋肉をつけたいから、あるいは減量中に筋肉を減らしたくないからといって、プロテインの摂取量を増やすという人がいますが、

1日に必要なタンパク質は筋量によって変化します。オンとオフで筋量が変わっていないのであれば、タンパク質の量を変化させる必要はありません。摂取カロリーを調整したいのであれば、炭水化物を増減させるようにしましょう。

　トレーニングを行わない休養日も、2日に1回以上トレーニングを行っているのであれば、サプリメントを変える必要はありません。筋肉の修復や成長には2〜3日を要し、オフ日であっても体は栄養を必要としています。トレーニング日を含めて3日間は、普段通りのサプリメントをとったほうがよいでしょう。それ以上トレーニングの期間が空くようであれば、過剰な栄養は体脂肪に変わってしまうこともあるので、間食のプロテインを減らすなどして調整しましょう。

　一般的に、運動を行っている人は体重（kg）×2〜3g、運動を行っていない人であれば体重（kg）×1gが、1日のタンパク質量の目安だといわれています。体重の増減などに注意しながら、自分に合ったタンパク質の量を探してみてください。

〜トレーニング前〜

　ホエイプロテインは摂取後2時間ほどで体内に吸収されます。そのため、トレーニングの2時間前に摂取するのが理想的です。また、それに合わせてバナナやおにぎりなどの固形物で炭水化物をとり、運動のためのエネルギーを補充します。2時間前に補給できず、トレーニングするまでに1時間程度しかない場合は、タンパク質の分解度が極めて高く、消化・吸収に優れた『ホエイペプチドアミノコンプレックス』がお勧めです。また、糖

質はエネルギーゼリーやスポーツドリンクなど、おなかにたまらないもののほうがよいでしょう。

通常のホエイプロテインでもNGではありませんが、先述したように吸収には時間がかかるため、ベストの選択肢ではありません。胃のなかに滞留物があるとトレーニングに支障を来してしまいます。ホエイプロテインしかないようであれば、通常よりも摂取量を減らし、トレーニングの質が低下しないようにしてください。そのほかに、カフェインが含まれたドリンクを飲んでもいいでしょう。カフェインには覚醒作用があり、集中して運動を行うことができます。

ワークアウトの直前には、トレーニングの質を高めるために、『BCAAアルギニンパウダー』や『ULTIMATE（アルティメット）エネルギードリンク』を摂取しましょう。分岐鎖アミノ酸であるBCAAは、筋肉で代謝され、エネルギー源として利用されるほか、筋肉の分解抑制や合成促進、骨格筋の形成など、アスリートの筋肉づくりに欠かせない重要

なアミノ酸です。アルギニンは血管拡張作用があり、体の隅々まで栄養を届けてくれます。エネルギードリンクにはアルギニンのほか、吸収速度の異なる果糖、デキストリン、ブドウ糖を配合し、トレーニングの最初から最後までエネルギーを供給します。また、パンプ感を高めるシトルリンも含まれているため、トレーニング中だけではなく、直前から摂取するのも有効です。

～トレーニング中～

トレーニングを行っていると、大量のエネルギーと水分を消費します。そのため、先に紹介したエネルギードリンクをこまめに摂取し、エネルギーと水分の補給を行ってください。また、2時間程度の長時間、体を動かすようであれば、中盤にBCAAを摂取しましょう。

BCAAはドリンクに溶かして少しずつ飲むよりも、2〜4gを一度にとるほうが効果的です。運動中には筋タンパク質の分解が昂進し、筋肉でBCAAが分解されていきます。分解を防ぐには、一

表2　トレーニング前後のタイムスケジュール

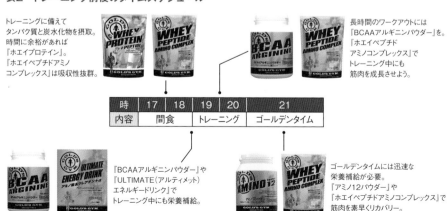

トレーニングに備えてタンパク質と炭水化物を摂取。時間に余裕があれば『ホエイプロテイン』。『ホエイペプチドアミノコンプレックス』は吸収性抜群。

長時間のワークアウトには『BCAAアルギニンパウダー』を。『ホエイペプチドアミノコンプレックス』でトレーニング中にも筋肉を成長させよう。

時	17	18	19	20	21
内容	間食		トレーニング		ゴールデンタイム

『BCAAアルギニンパウダー』や『ULTIMATE（アルティメット）エネルギードリンク』でトレーニング中にも栄養補給。

ゴールデンタイムには迅速な栄養補給が必要。『アミノ12パウダー』や『ホエイペプチドアミノコンプレックス』で筋肉を素早くリカバリー。

定量のBCAAが必要であり、少量ずつを段階的に摂取しても、マイナスをプラスに変えることはできません。一度にとることでBCAAの血中濃度のピークが立ち、トレーニングで消費した量をすぐに補うことができます。

　トレーニング中には筋肉のタンパク質合成が活発になるので、最大限筋肉を成長させたいのであれば、ホエイペプチドの摂取もオススメです。エネルギードリンクと同様に細かく分けて補給することで、体内に筋肉の材料を常備することができます。

　ハードトレーニングを行っており、筋量もあれば、必要なタンパク質の量も多くなります。私はトレーニング中に、ホエイペプチドを20g、鈴木選手は30gとっています。

〜トレーニング後〜

　トレーニングの30分〜1時間後は「ゴールデンタイム」といわれており、速やかな栄養補給が必要となります。吸収の速いホエイペプチドや、8種類の必須アミノ酸などを配合した『アミノ12パウダー』をできるだけ早く摂取しましょう。

　私はホエイペプチドを20g摂取していました。トレーニング前にホエイプロテインを20g、トレーニング中にもホエイペプチドを20gとっていますので、1回のトレーニングで計60gのタンパク質を摂取していることになります。タンパク質の量はトレーニングの強度や、体重によって調整するようにしてください。

　そのほかにも、筋分解を抑制するグル

タミンや、瞬発系のトレーニングで使用したクレアチンを補給するのも有効な方法です。

　また、忘れてはいけないのが糖質の補給です。タンパク質は糖質と一緒にとることで、よりタンパク質合成が行われやすくなります。吸収の速い100%の果汁ジュースやエネルギーゼリー、固形物であればバナナや羊羹などをとり、消費したエネルギーを補ってください。

　ゴールデンタイムに摂取するタンパク質と炭水化物の割合は1：3が理想的だといわれていますが、タンパク質を20gとるとすると、60gの炭水化物が必要となります。体感的には、その後の食事で補えるのであれば、炭水化物も20g程度でいいのではないかと思っています。

　そうしてトレーニング後のいわば〝応急処置〟を終えた後は、しっかり食事をとり、さらに栄養を補給しましょう。

　ペプチドは非常に吸収が速いため、そのままではタンパク質が枯渇してしまいます。ペプチドを完全に消化する前に固形物を食べることで、体づくりのための材料がゼロになる時間をなくすことができます。

GOLD'S GYM METHOD
OVER 35

ゴールドジムメソッド
OVER35編

何歳から始めても
遅くない!

体の衰えを感じることがあっても、
ウエイトトレーニングに開始年齢の上限はない。
年齢を重ねていくなかで、
一念発起してウエイトトレーニングを一から始める人や、
久しぶりに再開したい人たちのために、
自身のトレーニングをよりよいものにするための
ヒントや実践上の考え方を紹介!

理論 編

トレーニングの進め方について

**マシンに慣れたら
フリーウエイトで
トレーニングの幅を広げる**

「INTRODUCTIONトレーニングを始めよう！」の項でもお話しましたが、ウエイトトレーニングは「マシン」で行うものと「フリーウエイト」で行うものとに大別されます。そして、トレーニング初心者には、マシンから始めてもらうのがよいと思います。

トレーニングを始めるに当たって、まずは体の使い方やトレーニング中の意識の仕方を覚える必要があります。その点で、マシンは軌道が決まっており、さらにその軌道はターゲットとする筋肉に的確に刺激を与えることができます。つまり、筋肉に効かせることのできる正しい動作を、安全に身に付けるのに最適というわけです。また、「危ない」「これ以上挙げられない」と思ったときに、周囲にも安全に重りを置くことができます。誰

かがぶつかってきたり、体調不良や動作の不安定さが原因で起こったりする不可抗力もありません。

一方、フリーウエイトは文字通り、バーベルやダンベルなどの重りを持ったり担いだりすることで、下方向にかかる負荷を体に加えながら〝自由に〟動作するものです。正しいトレーニングフォームが身に付いておらず、重りを扱うための筋力もこれから得ることになる初心者にとって、フリーウエイトを扱うのはやや困難なものといえるでしょう。

ただし、マシンでのトレーニングを積み重ねることで正しいフォームが身に付き、ある程度の重量を安全に扱えるようになったなら、次のステップとしてフリーウエイトを導入することで、トレーニングテクニックの幅を広げていってください。

トレーニングを始めて間もない状況下では、「まだまだフリーウエイトを始める段階にない」「始めたいけれど1人で実施するのは不安」と躊躇してしまう気持ちも大きいかもしれません。しかしながら、そこはトレーナーの指導を仰ぐなどして、勇気をもってフリーウエイトへの1歩を踏み出していただきたいと思います。ウエイトトレーニングを実施する以上、フリーウエイトは取り組んでほしいもの、もっといえば極めてほしいものだといえます。

フリーウエイトが安全に正しく行える人はマシントレーニングも上手

フリーウエイトが安全に正しく行える人は、よほど特殊なものではない限り、いかなるマシンも必ず使いこなすことができます。例えばダンベルショルダープレス（164ページ）が正確に行える人は、どのようなショルダープレスマシンでもうまく扱うことができます。人によって、ターゲットに効きやすい・効きにくいという差はあったとしても、「このタイプのショルダープレスマシンではトレーニングができません」ということはないのです。

ところがその逆——ショルダープレスマシンは使いこなせるけれど、ダンベルでのショルダープレスはうまくできません、という人——はあります。つまり、ウエイトトレーニングを上手にまんべんなくできるように、その技術を向上させるためには、マシン止まりではなく、フリーウエイトができないといけないのです。

また、ウエイトトレーニングは継続が不可欠です。そのためにはどのようなシチュエーションでも、要するにトレーニング環境が変わっても問題なくできるようになっておくことが理想です。「転勤で引っ越したために、ジムを変えなければならない」「出張が多くていつものジムになかなか行けない」「近所のジムが閉店してしまった」など、さまざまな理由でいつもと同じ環境でのトレーニングが困難になる人もいることと思います。トレーニングを継続するためには、新たな環境に足を踏み入れる必要があるのですが、マシンの場合は、同じ部位を鍛えるもの、同じ動作を行うものでも、メーカーによって軌道も、筋肉への刺激の入り方も異なるものです。その点において、ダンベ

ルやバーベルは見た目や形状の違いはあっても、動作をコントロールするのは自分自身ですから、刺激の感覚は変わりませんし、慣れるための時間も必要ありません。環境の変化に適応するのが、フリーウエイトなのです。

加えてフリーウエイトでは、肩や胸といったターゲットだけではなく、自分の体を支えたり姿勢を保持したりするための体幹や補助筋群も同時に養うことができます。裏を返せば、体幹をはじめとした姿勢を保持するための筋力をしっかり機能させられるようになって初めて、重たい重量を扱うことができます。

最終的には、マシンとフリーウエイトを組み合わせ補い合うことが大切

ここまで、フリーウエイトを導入するメリットについてお話ししてきましたが、フリーウエイトを行えるようになったなら、その先の展開として、マシンとフリーウエイトとをうまく組み合わせることをお勧めします。

前述の通り、フリーウエイトは動作が上達していないと、鍛えたい筋肉をうまく鍛えられないというデメリットがあります。例えば、バーベルベンチプレスで大胸筋を鍛えたいにもかかわらず、肩の三角筋ばかりが鍛えられるのは、まだまだ動作がうまくないからです。この場合、動作の上達を目指すのはもちろんですが、チェストプレスマシンを用いて大胸筋に刺激が入るトレーニングをきちんと行うことにも並行して取り組むべきといえます。マシンとフリーウエイトを組み合わ

せたほうがよいというのは、どちらか一方だけでは不足する部分、網羅できない部分があるからです。マシンだけではよくありませんが、フリーウエイトだけを行っていればよい、というわけでもないのです。

　マシンは軌道が決まっているため、実施すればターゲットとする筋肉に刺激を与えられることから、135ページからお送りする各部位のトレーニング解説では、意図してフリーウエイトのみを取り上げました。それぞれのポイントや注意点を紹介しています。フリーウエイトを始める人は予習に、取り組み始めたばかりの人は日々の確認に、トレーニングをそれなりに積み重ねてきた人は自身のトレーニングの振り返りに、あるいは伸び悩み

や体の痛み・違和感を覚えた際の解決策を見いだす際の参考に、本書を活用していただけたらと思います。

　写真での解説は、動画に比べるとどうしてもわかりにくいのは否めませんが、スタートとフィニッシュだけでなく、その中間の動作も示すことで、できるだけ一連の動作がイメージしやすいようにしました。また、基本のフォームや陥りやすい誤ったフォームに加え、バリエーションとして、手幅や足幅、上体の傾斜、あるいは重りの軌道などに変化を加えたものも紹介しています。フリーウエイトのトレーニングをステップアップさせるため、あるいは目的や自分の体格に適したフォームを模索するために参考にしてみてください。

「OVER35」だからこその注意点とポイント

トレーニングに潜む魔物

トレーニング初心者の場合、最初のうちは自重スクワットで十分でしょう。しかし、それが難なくできるようになったら、ぜひ次のステップ「バーベルを担ぐ」へと足を踏み入れてみてください。まずは、シャフトのみでもよいでしょう。特にフリーウエイトの場合は、たとえ軽負荷でも、慣れないうちはバランスを崩すなどの危険性を伴うので、必ずトレーナーにサポートしてもらうようにしてください。

一方、トレーナーのほうも、そういったメンバーの方々には特に積極的に声をかけつつ、かつしっかりとフォームをチェックするよう心がけたいものです。また、人間というのは、少しの努力で物事がうまくいくと、すぐに有頂天になってしまい、次はいきなり10kg増やそうなどと張り切りがちです。それこそまさに、トレーニングに潜んでいる魔物といっても過言ではありません。したがって、そういった際にも、トレーナーは「焦らずに、2・5kgずつ増やしていきましょう」とアドバイスしてあげることが大切ですし、自らも常にそう心がけておくことが上達の秘訣となります。

さらに、例えば仕事の関係で一時中断していたけれど、約10年ぶりに再開したという人も、決して焦らないことが大事です。そういった人の場合、再開後しばらくすると、〝当時〟の感覚がよみがえってくるので、ややもすれば自らを過信してしまいがちです。過信はケガに直結する最も危険なコースです。したがって、いきなり結果を求めようとせず、1歩ずつ向上していく自分自身を楽しみながら取り組んでもらいたいと願っています。

さらに、初心者にも再開した人にも共通していえるのは、いずれはどこかで必ず頭打ちになるということです。それだけは肝に銘じておいてください。トレーニングには、負荷に対する我慢と同時に、実は焦らない我慢も大切なのです。

特にリスタートした人は、先に述べたようにケガには十分注意してください。せっかく再開したトレーニングから再び遠ざかることになってしまうのは、非常に残念な話です。そのためにもまずは、1年間くらいじっくり時間をかけて、往年の感覚と力を取り戻すくらいのつもりで、トレーニングの神髄というものを心の底から味わってみてはいかがでしょうか。

少しだけ無理をして、少しずつ重量を積み上げていく

トレーニング中に痛めてしまう部位で最も多いのは肩です。また、別の部位では筋断裂のケガも多く発生するのが特徴

といえるでしょう。なぜなら、実は私自身がそうだからです。

　例えば、レッグプレスの実施中にケガをしてしまったというと、多くの人は主要ターゲットである大腿部だと想像するでしょう。ところが、実際に痛めたのはカーフ（ふくらはぎ）でした。では、本来ターゲットとする部位以外を痛めてしまった理由は何でしょうか？

　それは痛めた部位が柔軟性に欠けていたことと、フォームの感覚が戻せていなかったからだと思っています。

　したがって、リスタートした人の場合は特に、柔軟性を高めつつ、繰り返し述べるように、まずは軽い重量から扱っていくのが理想です。トレーニングを実施する際には、現状における体の状況（筋力・柔軟性）と自らの体に対するイメージとを合致させることが肝要。いい換えれば、そこにズレがあるからこそ、思わぬところでケガをしてしまうのです。そういった意味では、前述した「1年間くらいじっくり時間かけて…」というのは、それらを合致させていく試用期間と捉えるとよいのではないでしょうか。

　初心者の場合には、ケガをしない正確なフォームを身に付けることが第一。そのためには、こちらも軽い負荷で、かつ1年間くらいは技術練習のつもりで取り組んでみてはいかがでしょうか。ただし、体が重量に慣れてきたら、少しだけ無理するくらいの範囲内で、重量をアップしていきましょう。無理をしすぎてしまうのは当然ダメですが、全く無理しないのも伸びを欠いてしまいます。もちろん、何もしない人に比べれば、トレーニング効果という点では明白であり、体も丈夫

でしょう。

　しかしながら、少しずつ重量を積み上げていくというトレーニング本来の目的からすれば、せっかく日々継続して取り組んでいるのに、もったいないなという気がしないではありません。ぜひ、ほんの少しだけ無理をして、少しずつ重量を積み上げていくという前向きな意志をもって取り組んでみてください。私はそれこそが、トレーニングの醍醐味ではないかと思うのです。

Chapter:1

胸の
トレーニング

バーベルベンチプレス

ダンベルプレス

ダンベルフライ

プッシュアップ

バーベルベンチプレス

下を向かない

一番のポイントは、体全体で重りを支えること。フリーウエイトであるバーベルは基本的に、手を離すと真下に落ちることになる。すなわち力は下方向にしかかからないので、重量物（バーベル）に対してまっすぐ支えることが重要。関節の一部分に過度なストレスがかからないように注意。ベンチプレスではどんなに上手に動作したとしても、必ずどこかのタイミング（ポイント）で、かかってはいけない形で手首に負荷がかかる。ベンチプレスを実施する際に、肩や肘を保護する人はいないが、リストラップなどによる手首の保護は多くの人が行うことからもわかるだろう。

手幅

手幅はシャフトに刻まれた81cmラインにいずれかの指がかかるようにする。田代さんの場合は中指がかかるようにセットするが、人によっては人さし指や薬指ということもある。逆に、81cmラインにどの指もかからないほど手幅が狭かったり広かったりすると、手首を痛める原因になり、胸への刺激も少なくなる。

POINT 手首への負担と肘の角度との関係性

肘の角度を90度にしたとき、手首はまっすぐになるため、重たいものを支えても問題はない。ところが肘の角度が90度よりも鋭角になると、手首は尺屈して（小指側に曲がって）しまう。反対に、手幅が肩幅より広くなり肘の角度が90度よりも大きくなると、シャフトを握った時点で手首が橈屈して（親指側に曲がって）しまう。各自のやりやすい角度で構わないが、手幅があまりにも広いと、終始手首にストレスがかかって痛める恐れがある。そのため、手首に過度な負担がかからずに実施できる角度という意味では、肘は90度くらいがよい。

写真のように手幅を狭くすれば、それだけ肩や腕の力を使うことになる。手幅に正解・不正解はないが、胸を鍛えたいのであれば肘が90度になるくらいがよい。

バーベルベンチプレス

STEP 1

アーチをつくる

「アーチ」について

若いうちは柔軟性があるため、腰を反らしてアーチをつくった上でベンチプレスを行ってみよう。慣れないと難しいが、より胸を張ることができるため、胸へのストレスが継続される。要するに胸の緊張が抜けることがないため、胸を刺激しやすいということ。ただし、特に年齢を重ねて柔軟性が低下してくると、アーチをつくることで腰を痛める恐れがあるので要注意。年配の人は無理にアーチを形成する必要はない。また、アーチをつくったために、ベンチに接している肩で重りをコントロールしようとして、肩が痛くなるケースもある。

STEP 2

アーチをつくるか否か、アーチの程度はどのくらいが適切かを検討する

ベーシックなベンチプレス、腰のアーチをつくって行うベンチプレスの両方が正しく行えるようになったら、自分にとってはどちらの姿勢でベンチプレスを実施するのが最もよいのかを判断して、最善の方法でやり込むことが第2段階ということになる。アーチをつくるかつくらないのかはもちろんだが、アーチをつくって胸を張る場合には、年齢を重ねることによって故障のリスクが高まるので、アーチの程度を調整することも考えなければならない。

VARIATION

ベンチに足を上げた状態で行う

両足を床につけず、ベンチ台に上げることで体の不安定性が増すため、ベンチプレスを行いながら体幹も同時に鍛えることができる。バランス感覚を養うことも可能。胸を鍛えることが主目的であれば、ベーシックな方法がお勧めだが、全身のコンディショニングという意味で実践するのであれば、このような方法もある。ただし、慣れていない人にとっては大きな危険が伴うため、初心者は避けること。また中級者以上の人でも、実践する際には、足を上げないベーシックなベンチプレスを行うときよりも、扱う重量を少し落とすようにする。

ダンベルプレス

直線的に動作する

基本フォーム

バーベルベンチプレスに比べると、ダンベルプレスは意外に難しいもの。その理由は左右差があるから。手に持ったダンベルを左右別々にコントロールしなければならないため、バランスをとりながら動作する必要がある。そのため肩や腕の力を使ってしまうことが多く、慣れないうちは胸にフォーカスできない。いきなりダンベルプレスから始めようとするケースがあるが、位置づけとしてはバーベルでのベンチプレスが正しく行える人が、次の段階として取り入れるもの。まずはバーベルベンチプレスをしっかりマスターしてから導入したほうが、気持ちよく行えるだろう。ダンベルプレスは胸の筋肉をイメージしながら行える。腕を動かすことによって、大胸筋が伸びたり縮んだりすることをイメージしやすいため、それを考えながら実施するとよい。

STEP 1

ダンベルフライ

ダンベルプレスは二等辺三角形を描くように直線的に動作するが、ダンベルフライは半円を描くように曲線的に動作する。より安全に行うためにはダンベルプレスがお勧め。ダンベルプレスとダンベルフライであれば、ダンベルプレスをベーシック種目として先に行うほうがよい。ダンベルフライから導入する人が多いが、ダンベルフライのほうがストレスは大きく、肩や上腕二頭筋を痛めてしまう恐れがある。そのため、ダンベルフライを実施する際は、ダンベルプレス時よりも重量を軽くすること。

半円を描くように動作する

141

プッシュアップ

TARGET | 大胸筋 |

基本フォーム

上体の全身的なトレーニング。体幹が弱いと動作姿勢がきれいに保てないため、プッシュアップが下手ともいえる。逆に、プッシュアップをきれいに行える人は体幹が強いことを意味しているので、コア（体幹）トレーニングを行う必要はない。つまり、プッシュアップを実施すれば体幹が鍛えられ、既に体幹が鍛えられている人は美しく行えるということ。

プッシュアップ大会と称して、制限時間内にプッシュアップを何回行えるかを競うことがあるが、肘の曲げ伸ばしを最小限に抑え、首を大きく振ることでカウントを重ねているため、厳密にいえばプッシュアップとはいえない。姿勢維持の強化にはなるが、胸は一切鍛えられていないのである。胸を鍛えるために行うのであれば、体を一直線にした状態で、鼻が床につくギリギリのところまで肘を曲げること。清潔な床の上で行うのがベスト。

VARIATION

ベンチプレスと一緒で、手幅が狭いと腕に、広いと胸により刺激が入りやすくなる。手幅を狭めた上で脇を締めると、より腕に入るのが実感できるだろう。ベーシックな形であれば、胸と腕の双方にバランスよく入る。

手幅を広げて行う

手幅を狭くして行う

NGフォーム

おなかが落ちて腰が反る

　腹筋の力が抜けているため、おなかが落ちて腰が反っている。しっかり腹筋に力を入れよう。

お尻が突き出ている

　これもまた、腹筋の力がないため、その代償動作としてお尻を高く突き出してしまっているパターン。

お酒との付き合い方は、節度を保って

by 田代 誠

私はアルコールを飲みませんが、そこは個人の考え方次第だと思っています。本当に体を変えたいと思うのであれば、アルコールは避けるべきでしょう。ただし、飲むことがストレス発散やリラックスにつながるのであれば、飲んでもいいと思います。とはいっても、別に飲まなくてもよいのではないかというのが本音です。よく「お酒を飲まない人は人生を損している」と言われますが、飲まなくても人生を存分に楽しんでいる方はたくさんいます。

社会人であれば、仕事上のお付き合いもあるでしょうから、アルコールは絶対に禁止とはいえない部分もあります。お付き合いも大切ですから、せめてセーブする意識は忘れずにいてください。私自身、お断りすべきではないシーンでは節度を保った上で一口か、二口ほどいただ

くこともあります。お付き合いのあった翌朝に、夜の不摂生分を取り戻そうとしてトレーニングをいつもより頑張る人もいるようですが、私個人の意見は、のんびり過ごしたほうがいいと思います。学術的にどうなのかはわかりませんが、体はアルコールを処理するために夜通しフル活動で疲れているはずです。そのタイミングでトレーニングをして、栄養をとり入れたところで、その栄養を処理するだけの力が果たして残っているのかというと、疑問に思うからです。

朝起きて、気分が悪いから少し汗をかこうという程度ならいいのかもしれませんが、通常のウエイトトレーニングはアルコールが抜け切ってからのほうがいいと思います。お酒を飲みすぎた翌朝はゆっくりと過ごし、次のトレーニングに生かしてください。

©Getty Images

Chapter:2

脚のトレーニング

スクワット

ランジ

カーフレイズ

スクワット

基本フォーム

> 自重の場合

前

一番のポイントは"膝を曲げないイメージ"で行うこと。実際の動作としては当然ながら膝は曲がるのだが、膝を曲げる意識で行うとかえって曲がりすぎて痛みの原因となってしまうため、極力負担をかけないように、あえて曲げな

いようにイメージすることが大切。また、あまり前傾しすぎないこと。上体が前方に突っ込みすぎてしまうと、何も持っていなければいいが、重りを担いだときに危険が伴う。

横

バーベルを担いだ場合

前

大腿部が床と並行になるくらいまでしゃがむことで、より効かせることができ、軽い重量で最大限の負荷を与えられる。関節に負担をかけることなく、かつ筋肉に負荷をかけることができるのが、その深さということ。それよりも深くしゃがむとかえって緊張が抜けてしまい、腰に負担がかかるため、お勧めはしない。

逆にしゃがみが浅い理由として、関節の硬さが原因であるケースも少なくない。その場合は無理せず、可能なところまでで構わない。ただし「本当はもっとしゃがめるけれども、やらない」「重たいものを持ちたいから、そこまで深くしゃがまない」はNG。

横

スクワット TARGET | 大臀筋　ハムストリング　大腿四頭筋 |

VARIATION 1 フォームと効かせる場所

大腿四頭筋が優位

大腿四頭筋
に入る

スクワットは大腿部全体、つまり大腿四頭筋もハムストリングも鍛えることができる。どちらをより鍛えたいかによって、フォームを変えてみよう。ベーシックなフォームでは大腿四頭筋に入るが、臀部を少し後ろにスライドしてからしゃがめば、最終形は同じでもハムストリングに入るようになる。

ハムストリングが優位

ハムストリングに入る

臀部を少し後ろに
スライド

VARIATION **2** バーを担ぐ位置

ハイバー

個々の担ぎやすい位置で構わないが、より上体を立ててスクワット動作ができる人は、ハイバーでも問題なく行える。

ローバー

上体をやや前傾させないと（前のめりにならないと）スクワットができない人は、ハイバーだと腰に負担がかかるため、バーを担ぐ位置を少し下げ、三角筋後部のくぼみにのせる。

NGフォーム

担ぐ位置が高すぎる

首の後ろで担いでいる。不安定かつ首も痛いためNG。

スクワット　　TARGET｜大臀筋　ハムストリング　大腿四頭筋｜

VARIATION　3　スタンス

ベーシック（腰幅程度）

狭めのスタンス

大腿部の外側に効く

足幅を腰幅よりも狭くすることで、大腿部の外側に効く

150

広めのスタンス

足幅を広くした場合は、外側に効く人もいれば内側に効く人もいる。それは重心位置の問題で、母趾に力を入れやすいか、小趾側に力を入れやすいかによって異なるので、個々で見極めが必要

ベーシックなスタンスで膝が円を描くようなイメージで動作する

膝が円を描くようなイメージで

内転筋に効く

つま先をやや外に向け、膝が円を描くようなイメージで動作すると、内転筋に効く。このように、オーソドックスなスタンスでも効かせ分けはできるが、スタンスを変えたほうが、意識せずに効かせられるメリットはある

ランジ

基本フォーム 足を踏み出すパターン

フロントランジ

前に踏み出すフロントランジは、オーソドックスで昔から行われているが、膝を痛める人がいる。膝へのリスクに関していえば、後ろに踏み出すバックランジのほうが安全。ランジというエクササイズの目的が何かを明確にしたい。筋肉を鍛えたいのか、動作も込みで鍛えた

いのか。例えばバドミントン選手は、競技のなかで前へ大きく踏み出す動作を行うことがある。競技特性上、そうしたランジの動きができたほうがよい場合は、前後方向に踏み出しながら鍛える方法が効果的といえるだろう。

バックランジ

足を踏み出さずにその場で行うランジ

ランジを実施する目的が、臀筋やハムストリングをより効率的に鍛えたいということであれば、あえて踏み出す必要はなく、足を前後に開いた（既に踏み出した）状態から動作を行えば目的は果たされる。踏み出すか踏み出さないかは、人によってやりやすい方法を選択すればよいが、筋トレとしては踏み出さないパターンをお勧めする。ちなみに、加重を行いたい場合は両手にダンベルを持って実施する。

カーフレイズ

基本フォーム

つま先の向きはまっすぐ正面に

腓腹筋とヒラメ筋を鍛えるトレーニングだが、どちらかというと腓腹筋に優位に効く（座位や膝を曲げた状態で行うと、ヒラメ筋優位に）。フラットな床面でつま先立ちをするだけでも、十分鍛えることができる。

つま先の角度と刺激の位置について

内側　　腓腹筋内側に効く

外側　　腓腹筋外側に効く

つま先を内側に向けると腓腹筋内側頭に、外側に向けると腓腹筋外側頭に比較的効

かせやすくなる。ただし、つま先の角度による刺激の位置は、人によって異なる

STEP 1 加重する

自重でも鍛えられるが、荷重したい場合はダンベルやケトルベルなどを持って行う。あまり重たいものを持つ必要はない。

VARIATION 段差を活用

段差のあるところの淵に、かかとを出すようにして立ち、かかとを下げてストレッチさせた状態からカーフレイズを行う方法もある。ただし、バランスがとりづらいので、決して無理しないこと。加重したい場合は片手に重りを持ち、もう一方の手は柱などにつかまることで、バランスを大きく崩さないようにして行う。

自分に必要な最低限の睡眠時間を理解し、確保する

by 田代 誠

　休養、つまり睡眠も疲労回復やコンディション維持のために大切です。これも食事と一緒で「自分はどのくらい寝れば疲れないのか（翌日を元気に過ごすことができるか）」を理解するとよいでしょう。「私は◯時間寝ないとダメ」というのはありますから、最低限それだけは確保するべきです。ただし、◯に当てはまる数字は人それぞれです。5時間睡眠の人が毎日疲れていないというのなら、それで十分ですし、5時間だと疲れるのならば6時間ないしは7時間寝ればよいのです。体調を考慮しながら、自分で見極めるべきです。ちなみに、私の場合は5〜6時間ほどです。

　自分にとっての最低限の睡眠時間を理解できれば、トレーニングの時間も捻出しやすいかもしれません。ただし、ボディビルダーの場合はトレーニングが基本ですから、睡眠時間が若干少なくなったとしても、トレーニングは必ずしたほうがいいといえます。例えば1日5時間は寝ないといけない人が、トレーニングをすると睡眠時間が4時間や4時間半に減る程度であれば、トレーニングすべきだと考えます。ただし、トレーニングで睡眠時間が2時間になってしまうのであれば、やめたほうがいいと思います。自分の体の限界は、自分が一番よくわかっているはずですから、そこの線引きは自分で決めましょう。

　私の場合は、自分でルールをつくっていて、現在はトレーニング開始が深夜0時を過ぎるときはしないと決めています。23時59分から始められるのであればやりますが、0時1分ならやらないのです。数分過ぎていたとしてもトレーニングの質や効果にあまり関係はないのですが、決めずにダラダラ過ごしてしまうことを避けるためです。

　ですから、極力0時前にはトレーニングに入れるよう努力します。時間を見て、その日は確実に0時を過ぎてしまうようなら、ほかの仕事や用事をすればいいと考えていますし、仕事の優先順位を入れ替えることで早く始められそうならば、回せるものは翌日に回し、そのほかのタスクを手際よく済ませてトレーニングに入ります。私の場合は0時ですが、それが1時や2時の人もいるでしょうし、22時や23時の人もいるでしょう。いずれにしてもルールをつくっておくといいと思います。

©Getty Images

Chapter:3

背中のトレーニング

デッドリフト

ベントオーバーロウ

シュラッグ

チンニング

デッドリフト

基本フォーム

デッドリフトは、床から引くときにはより高重量を扱うことができるが、全身を鍛えるトレーニングであり、一部分を鍛えるものとは思わないこと。仮に脚を鍛えたいのならば、スクワットのほうがいいし、背中を鍛えたいのであれば、ハーフデッドリフトかベントオーバーロウを選択するべき。あくまでも全身運動だと思って取り組んでほしい。

POINT 手幅は腰幅より広く

全身運動と考えたときには背中も鍛えることになるため、手幅が狭いと体に手が当たって引き切れない。手幅は腰幅よりやや広いくらいがベーシックだが、個々のやりやすい幅で構わない。

VARIATION スタンス

158ページで紹介したベーシックなスタンスの場合は、臀部、ハムストリング、背中（腰）をまんべんなく使うことになるが、スタンスを広げることで、腰を立てた状態で動作が行えるため、脚により刺激が入る。このとき、力加減や膝の位置が変わるため、つま先も自然に外を向くようにする。スタンスが広いほうが安全に行えるというメリットはある。

159

ベントオーバーロウ

TARGET | 広背筋　大円筋　僧帽筋　菱形筋　三角筋後部 |

基本フォーム

背中の種目なかでも基本中の基本。上体の角度によっていろいろな鍛え方ができるので、どの角度が正解ということはなく、やりやすい角度、目的に応じた角度で行う。腰を痛めないように、シャフトが体により近いところを通るように動作する。グリップはサムレスがお勧め。ほかの部位を使わずに背中を使って引くためには、シャフトを握らないこと。究極は引っかけるだけが理想だが、重量をコントロールできないので、多少は握る必要があるため、サムレスで"引っかけるイメージ"で行う。

▶ スタート

横

▶ スタート

前

▶ フィニッシュ

▶ フィニッシュ

ベントオーバーロウ

VARIATION　1　上体を床と並行に近づける

横

いろいろな上体の角度で、バリエーションとして行うのもよい。上体を床に対して並行に近づけた場合、広背筋にも多少の刺激が入るほか、肩甲骨まわりも使うことになる。ただし、そこまで重たいものは持てない。無理をすると腰に負担がかかるので技術が必要になってくる。

前

VARIATION 2 上体を立てる

横

体を立てると、広背筋には刺激が入らなくなるが、代わりに僧帽筋上部に力を入れやすくなる。究極に上体を立てたものがシュラッグ。

前

ベントオーバーロウ

TARGET | 広背筋　大円筋　僧帽筋　菱形筋　三角筋後部 |

VARIATION **3** 手幅を広げる

オーソドックスな手幅

デッドリフト同様、手幅が狭いと体に手が当たって引き切れないため、手幅は腰幅よりやや広いのがオーソドックスだが、ワイドグリップにすることで、より広背筋への刺激が入りやすい。

手幅を広げた形

シュラッグ

まっすぐではなく、
やや前かがみで

TARGET | 僧帽筋（上部）

基本フォーム

上体をまっすぐに立てて行うと思いがちだが、僧帽筋自体は首の後ろについているものなので、

実はまっすぐだとやりにくい。やや前かがみで行う。

VARIATION 　**上体を倒す**

思っている以上に僧帽筋は大きな筋肉であるため、上体を倒してシュラッグを行うことで、僧帽筋上部の中でも刺激が入る部位が下方へと移行する。上体を床と並行になるまで倒して行う（田代さんは「ベントオーバーシュラ

ッグ」と命名）と僧帽筋の中部・下部にも効き、ベントオーバーロウ以上にフォーカスして鍛えることができる。肩甲骨を自在に動かせる人にはお勧め。初心者の場合はデッドリフトのほうがよい。

チンニング

| 広背筋　大円筋　小円筋
　　　　　僧帽筋　菱形筋　三角筋後部 |

基本フォーム

胸を張る

チンニングは、自分の体を手のみで支える究極のフリーウエイトであり、難易度の高い種目の代表格。いろいろなバリエーションがあるため、どのフォームが正解ということはなく、目的とする筋肉によって異なる。

体幹やバランス感覚も含めて鍛えたいのであれば、チンニングは必ずメニューに入れたほうがよいが、筋肉をつけることが目的であれば、ラットプルダウンのほうが効率的。

ベーシックなものは、基本的には広背筋をはじめとする背中全体に刺激が入る。加えて三角筋後部や上腕二頭筋も鍛えられる。ただし、胸を張って、握っている部分がみぞおちやおなかにつくくらいまで体を引き上げなければならないため、体を引き上げる力がないと動作自体が完遂できない。ベーシックとしながらも難易度は高い。

VARIATION　1　ワイドプルアップ

上体を
反らさない

大円筋に効く

学校の体育授業などでよく行う"懸垂"。上腕二頭筋や背中を使うが、上体を反らさないため広背筋にはあまり入らず、主に大円筋を鍛えることになる。

VARIATION　2　ナロープルアップ

上体を反らす

手幅を狭くすると、上体をまっすぐにしたままでは動作が行えない。ベーシックなものに比べてより上体を反らさなければならず、反る感｜覚がわからない人はこの方法を選択するとよい。

流行りの糖質制限も向き・不向きがある
by 田代 誠

近年は、糖質制限ダイエットが流行し、ブームとなっています。これについては賛否両論あるようですが、私個人としては、「よい」か「悪い」かに意見が極端にふれすぎている気がしてなりません。そうではなく、人によって合う・合わないがあるのではないかと考えます。

科学的根拠についてはわかりませんが、糖質が必要な人と、そこまで必要ではない人がいると思います。私は後者のタイプで、糖質をとるとむしろ調子が悪くなります。「糖質をとらないと頭が回らなくなる」といいますが、私はとったほうが回らなくなってしまいますし、トレーニングの調子も悪くなってしまいます。ですから、減量の有無にかかわらず糖質はさほどとりません。

減量する人で糖質を制限しようとしても、できない人がいます。それはおそらく体が欲している、つまり糖質をとらないとダメな人なのではないかと思います。糖質をとらなくても大丈夫というのは、決して我慢強いからではなく体が必要としていない、少量の糖質さえあれば十分に動ける人なのだと思います。

その人に合った食事制限をしないと、ストレスになるだけです。ですから、食事は体調に合わせて内容を決めてとるべきといえます。糖質制限に関しても、大抵の人が開始から1週間ほどするとキツくなるのですが、それを越えて「別に大丈夫」という人は、ある程度制限してもいいのではないかと思います。ただし、制限に慣れる期間を過ぎてもやめられない、常に食べたいと思ってイライラするのであれば、我慢せずに少し食べたほうがいいと思います。夜中に無意識に冷蔵庫を開けてしまうようになるのは、体が欲している証拠ですから、そこまで制限してはいけないのです。

©Getty Images

Chapter:4

肩のトレーニング

ダンベルショルダープレス

サイドレイズ

フロントレイズ

リアレイズ

ダンベルショルダープレス

基本フォーム

大胸筋を鍛えるベンチプレスなどに比べて、動作が難しい。それは、体の触れる面が少ないから。ベンチプレスではベンチ台にあお向けになるため、背中からお尻にかけて支えられることになるが、ショルダープレスは座位で行うため、体を臀部のみで支えることになり、上体が完全にフリーになる。体幹の安定性が必要になるため、うまく行えないようであれば背もたれのついたベンチを用いて、背中をベンチに預ける形で行うとよい。

**ベンチプレスより
動作の難易度が高い**

STEP

軌道が異なる

大胸筋同様、三角筋も"プレス"と"フライ"の2パターンで強化が可能。軌道が異なり、ダンベルショルダープレスは直線的に、ダンベルショルダーフライは円を描くように動作する。ターゲットは同様に三角筋前部だが、人によって、やりやすい・やりにくいがあるので、それによって選択するとよい。

ダンベルか、バーベルか

ショルダープレスはバーベルでも行うことがある。頭の後ろに下げるバックプレスの場合はバーベルのほうが実施しやすいが、肩関節が硬いとうまくできないことが多い。であれば、ダンベルのほうがフレキシブルに行えるだろう。ただし、高重量での実施はあまりお勧めできない。

直線的に動作する

半円を描くように動作する

サイドレイズ

TARGET | **三角筋中部** |

基本フォーム

真横より
やや前で動作する

両腕を横方向に開くように
して下から上に向かって挙
げる。腕が床と並行になる
まで。ただし、真横に挙げる
と三角筋ではなく僧帽筋に
入ってしまうので、意識とし
ては真横よりも少し前。

POINT **肘の角度**

本来は肘を伸ばして行うのがサイドレイズと
呼ばれるものだが、トップ（挙げ切った位置）で
しっかり収縮させたい場合や、できるだけ重い
ものを扱いたい場合には、肘を曲げたほうが
いい。

NGフォーム　肩をすくませない

本来の人間の動きとして、重いものを持とうと思ったときには、肩をすくませてから動かすのが普通。そのほうが、より力を使わずに持ち上げることができるから。ただしトレーニングの場合は力を使うことが目的のため、肩をすくませないようにする。裏を返せば、「肩をすくませずに行える重量で、無理なく行う」ことがポイント。

VARIATION 1

フロントレイズ TARGET | 三角筋前部 |

フリーウエイトは基本的に手を離すと真下に落ち、力は下方向にしかかからない。つまり、角度によって負荷がかかる場所が変わってくる。フロントレイズ・サイドレイズ・リアレイズの違いはその点。三角筋前部をターゲットとするフロントレイズは、腕を挙げる角度を90度にする(前方に腕を挙げる)。

VARIATION 2

リアレイズ TARGET | 三角筋後部 |

フリーウエイトの特性を踏まえて、上体を倒した状態で肘を後方かつ外側に引くようにすることで、三角筋後部に刺激が入る。

腕を挙げる角度を90度にする

三角筋前部に入る

肘を後方かつ外側に引く

三角筋後部に入る

減量は、食事のみよりも食事＋運動のほうが効率的

by 田代 誠

減量に関していえば、食事をコントロールするだけで実施するよりも、運動込みで行ったほうが、断然効率よく痩せることができます。逆に、食事だけで減量するのは、非常に高度な技術だと思います。私にはできません。

ただし日常生活の活動量がかなり高い人、例えばジムのトレーナーたちは、勤務中にジム内を動き回っていますから、カーディオ（有酸素性運動）を行うよりもカロリーを消費することができているはずですので、カーディオは必要ないかもしれません。食事だけで痩せられるという人はおそらく、代謝がかなり高くて常に食べていないとむしろ痩せてしまう人か、あるいは何時に何をどのくらい食べて…というスケジュール管理を徹底していて、食事内容が事細かに理解できている人ではないでしょうか。しかしながら、そういう人はごく少数でしょうから、減量を考えるときには、やはり運動と食事の両面で考えたほうが、健康の維持・増進を考慮する上でもよいと思います。

なかには「運動する時間がない」という方もいるかもしれませんが、40分のカーディオと30分のウエイトトレーニング、計70分を24時間のなかから捻出することは、難しいものでしょうか？

しかも、カーディオの40分は連続していたほうがよいのですが、30分のトレーニングは隙間時間を見つけて10分×3でも構いません。そう考えれば、誰にでも運動する時間はつくることができると思います。いつもより少し早く起きてウオーキングするのもいいですし、移動中に1駅歩くのでもいいかもしれません。トレーニングもジムに行く必要はなく、自宅でできるものを行えばいい。ものは考えようです。

©Getty Images

腕のトレーニング

アームカール

TARGET | 上腕二頭筋　上腕筋　腕橈骨筋 |

基本フォーム

よく、かなり重たい重量を手に持ち、上体を動かすことで反動をつけたり、脚の力を使うようにしたりして、アームカールを行う人がいる。動作をリズムよく行うために体が多少前後に振れるのは構わないが、それ以上の反動を使って重りを挙げるのは、危険を伴うので控えること。とはいえ、負荷が軽すぎてももちろんよくないので、重量設定は慎重に。立位で行ったほうがやりやすいが、もし、どうしても反動を使ってしまうようならば、座位で行うのもよい。脚の力を使うことなく行える。

上体の反動は使わない

VARIATION

ハンマーカール　手のひらを内側に向けたまま動かす

手のひらを内側に向けた状態のまま、肘の曲げ伸ばしを行うことで、上腕筋を鍛えることができる。ねじるようにしながら行うアームカールでは、ハンマーカールを行っているシチュエーションが一瞬だけあるといえる。日常生活ではコップを口元に運ぶ動作をはじめ、ハンマーカールのほうがよく使われる。

前腕をねじる動作を行うか否か

写真では、手のひらを内側に向けた状態から
動作をスタートさせ、外側にねじるようにしなが
ら肘を屈曲させているが、それがうまくできな

いようであれば、スタート時に手のひらを正面
に向けて、肘の曲げ伸ばしだけをするようにし
ても構わない。

ライイングトライセプスエクステンション

基本は「おでこ」に下ろす

あお向けになってバーベルを胸の上に掲げ、肘を曲げて下ろす。バーベルを下ろす位置は、肘関節に負担のこない「おでこ」が基本。上腕三頭筋の長頭にはストレッチがかかっていないため、肘関節のみをまたいでいる上腕三頭筋の内側頭と外側頭が鍛えられる。

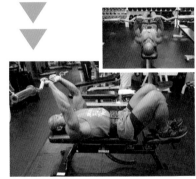

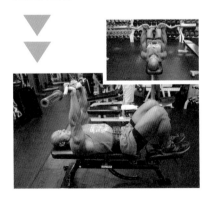

肘を痛めないように注意

ライイングトライセプスエクステンションは、肘を固定して支えるため、扱う重量が重くなるほど肘を痛める危険性が高くなる。実際に痛める人が多い種目であるため、無理はしないこと。ライイングトライセプスエクステンションで肘が痛い人は、クローズグリップのベンチプレスを行うのでもよい。

上腕三頭筋の内側頭と
外側頭がターゲット

VARIATION

バーベルを下ろす位置を変える

長頭に効かせることが可能

バーベルを下ろす位置をおでこよりも上
（頭の上）にすることで、肩関節の動きが
加わり、上腕三頭筋長頭にも効かせること
ができる。おでこに下ろそうとすると肘を固
定して支えがちになるので、それよりも肩関
節の動きが入るほうが、肘へのストレスは
少ないといえるかもしれない。

フレンチプレス

長頭・内側頭・外側頭の
すべてを鍛えられる

基本フォーム

上腕三頭筋の
ストレッチ感を意識

フレンチプレスは、肩関節屈曲により上腕三頭筋にストレッチがかかった状態で動作が行えるため、長頭・内側頭・外側頭のすべてを鍛えられる種目。腕を挙げるという動作よりも、上腕三頭筋がしっかりストレッチされているかどうかを意識したい。

両手でダンベルを
スタートポジション
に持っていく

ストレッチ感を意識

Chapter:6

腹筋の トレーニング

シットアップ

クランチ

レッグレイズ

シットアップ

| 腹直筋　腹斜筋　腸腰筋 |

基本フォーム

VARIATION **1** 手の位置

VARIATION **2** 上体をまっすぐキープ

腸腰筋に効く

前腕をねじる動作を行うか否か

腹直筋が伸びた状態から縮めるように、上体を丸めながら起き上がり、丸めた上体を伸ばしながら元に戻す。写真ではベンチを用いて実施しているが、床にあお向けになって行うのでも構わない。

腹直筋に効く

基本形では、両手は胸の前で交差させているが、どこでも構わない。鍛えている箇所をより意識するために、腹筋に添えてもいいし、写真のように頭の後ろで組んでもいい。頭の後ろで組むと、腹直筋への負荷が高くなる。

あくまでも腹直筋を鍛えることが目的なのであれば、上体をまっすぐにしたまま行うシットアップはNG。なぜなら、上体をまっすぐにして実施すると、腸腰筋がターゲットとなるため。とはいえ、スポーツ動作などにおいては腸腰筋も大事であるため、意図的に腸腰筋に負荷をかけたいということであれば、上体をまっすぐにして行えばよい。

185

シットアップ

TARGET | 腹直筋　腹斜筋　腸腰筋 |

腹直筋を狙うか、
　　それとも腸腰筋を鍛えるか

VARIATION　3　ツイストシットアップ

体をひねりながら上体を起こすことで、外腹斜筋を鍛えることができる。ひねる角度は外腹斜筋の筋走行の流れに沿うこと。体をひね

りすぎないように。肘を反対側の膝にもっていくイメージ。

クランチ

初心者は
まずはこれから

基本フォーム

腹直筋により
フォーカス

シットアップよりも、腹直筋
によりフォーカスした種目。
腹直筋への刺激もわかりや
すいので、初心者はクラン
チから始めるとよい。

次の段階として
シットアップを

クランチに慣れたらシットア
ップを、そしてシットアップで
も腹直筋がしっかりイメージ
できるようになったら、次の
ステップとしては、マシンで
負荷をかけて行うとよい。も
しくは、負荷をかけたほうが
腹直筋が意識しやすいよう
であれば、最初からマシンを
用いるのでも問題ない。

レッグレイズ

| 腹直筋（下部）　腸腰筋 |

基本フォーム

「骨盤」を上げていく
イメージで、上体を丸める

シットアップのように上体を起こすのではなく、脚を上げることで腹直筋を鍛える種目。「脚」を上げていくというよりは、「骨盤」を上げていくイメージで、上体をしっかり丸める。膝は伸ばしていても、軽く曲げていてもどちらでもよい。伸ばしたほうが負荷は高くなる。

脚を上げることで腹直筋を鍛える!

VARIATION

上体を
まっすぐキープ

腸腰筋に効く

シットアップ同様、レッグレイズも
腸腰筋をターゲットとするなら骨
盤をベンチから浮かさずに(上体
をまっすぐにしたままで)行うほう
がよい。腹直筋が狙いなら、しっ
かり骨盤を上げていくこと。

環境の違いは楽しんだ者勝ち

by 田代 誠

「仕事が忙しくて、いつも行っているジムの営業時間に間に合わない」「1週間の出張で、別のジムに行くしかない」など、理由はさまざまありますが、いつもとは異なる環境でトレーニングせざるを得ない、というのは、働き盛りのトレーニーについて回る悩みの1つです。そのようなときに大切にすべきなのは、いつもと同じトレーニングをあまり望まないことです。

いろいろな考え方がありますが、トレーニングにおける一番の楽しさは、やはり重量や回数の向上だと思います。しかし、いつもと違うジムに行く機会に恵まれたときは、一度その考えは横に置いておき、むしろいつもとは違うトレーニングを行うことがお勧めです。なぜなら、例えば同じベンチプレス台でも、同じようでいて実は同じではないからです。自分の基盤となっている場所以外でトレーニングをすることで、いつも以上のパフォーマンスを出すのは難しいものです。

普段、セットを8回で組むトレーニングをしているのであれば、重量を落として1セット12回にする。あるいは、メニューに入れていない種目を高回数で行い、オールアウトを目指す。ものめずらしいマシンに触れてみるのもいいかもしれません。そうすることで、いつもと同じトレーニングができなくてもメンタルに支障を来すことはありませんし、逆に

いつもと異なる刺激を得られて体にいい影響をもたらします。

実際問題、マシンによって合う・合わないはあります。ゴールドジムのメンバーの方でも、部位に応じて店舗を変える人は少なくありません。もしかしたら、泣く泣く足を運んだ新境地で自分にぴったりのマシンと出合えるかもしれないわけですから、ここは環境の違いを楽しんだ者勝ちです。マイナスに捉えがちですが、一概にそうとも言い切れないということを、ここではお伝えしたいと思います。トレーニングは何事もプラス思考でいきましょう。

©Getty Images

GOLD'S GYM METHOD

ADVANCED

ゴールドジムメソッド
アドバンス編

さらに
よりよい結果を
求めて

トレーニング中・上級者のための、
さらに一歩踏み込んだポイント解説!
健康維持から競技力向上まで、
さらによりよい結果を導くためのテクニックを紹介!

Chapter:1

胸のトレーニング

鈴木 雅 × 荒川孝行

「解剖学と力学がせめぎ合う部位。難しいけれど奥深い」

まずは全身を6つのパーツに分け、中・上級者向きの「ワンランク上」の理論とテクニックを語り合っていただく。ホストを務めるのは、2016年にボディビル世界王者となった鈴木雅さん。鈴木さんが「胸」のパートナーに選んだのは、パワーリフターとして活躍する荒川ツインズの弟、孝行さんだ。王道種目のベンチプレスを中心に、胸トレを解剖する。

ベンチプレスのカギは矛盾を成立させること

鈴木 胸トレの王道といえば、やはりベンチプレス。トレーニーであれば誰もが通る道ではないでしょうか。一方で、「胸に効かせられない」「重さを挙げられない」など、ベンチプレスに対して苦手意識をもつ人も少なからずいます。私自身も得意なほうではないのですが、そういう方々にベンチプレスのよさをぜひ知っていただきたいと思います。

荒川 ベンチプレスは突き詰めていけば難しいのは確かですが、基本をしっかり押さえることができれば、それで8割方完成といっても過言でではありません。そういう意味では誰もが問題なく行える種目です。

鈴木 でも実際には、基本を押さえられていないケースが多くある。きちんとできている人は、もしかしたら2割にも満たないかもしれません。よくある間違った方法として「全身を使えていない」ことが挙げられます。ベンチプレスは胸のトレーニングですが、厳密にいうと体幹を支えながら胸を使う種目。正しく行えれば、特に横隔膜や前鋸筋、骨盤底筋群などの強化につながります。大胸筋にアイソレートできればよいのならチェストフライで十分ですが、ベンチプレスにはそれ以上の〝うまみ〟があるのです。

とはいえ、ベンチプレスが胸を鍛える種目であるのは事実ですから、ベンチプレッサーやパワーリフターの皆さんは大

胸筋がよく発達しています。高重量を挙げられる人で胸が薄い人はいません。

荒川　ベンチプレスの目的が大胸筋に効かせることだろうと、いかに重たいものを挙げることだろうと、そのフォームが「ケガをしない」ものでなければならないのは一緒です。

パワーリフティング競技を行う私がフォーム指導すると、パワーリフティングのそれと勘違いされてしまうことがあるのですが、私がお伝えするのは、ケガをしない最大公約数的なフォームです。まずはベンチプレスの「核」となる部分を身につけていただく。そうすることで初めて次のステップ、すなわちボディメイクや高重量の挙上に発展させることができます。核となるものをもっている人こそ強いと思います。

鈴木　パワーリフターのように重量を挙げることに特化した人、重さを効率よく持てる人は効かせるのも上手。効かせることと重量を上げること、その両方がきちんと説明できない人は核がない、つまり極めているとはいえないと思います。

荒川　核となる部分を身につけるためには、まず体の仕組みを理解することです。解剖学でいえば、基本中の基本ですが筋肉の起始と停止を覚える。それからあまり理解されていないのが、神経の働き。効かせるためには、構えた段階で狙った部位にしっかり力が入っていることが大前提です。そのことを理解している人は少ないと思います。

また、肘をロックするか否かという議論も昔からよくされるのですが、ロックしないと肩甲骨が開きます。胸には効きますが、力学的に安定しません。しかも、胸を張ると肘は曲がるもの。胸を張ることと肘を伸ばすこととは、神経の使い方が逆なのですね。それゆえ難しいのですが、練習によって両立できるようになれば狙いに応じて、肘を曲げるのもよいでしょうし、胸を丸めて縮めることもできるでしょう。

鈴木　それができない人はラックオフしたときに既に肘が曲がっていて、そのまま動作に入るので、肩が支点となって、肩や首、背中を使うベンチプレスになります。

荒川　パワーリフティング競技では、肘が伸びないとそもそもスタートがかかりません。けれども肘を伸ばすと肩甲骨が開いて安定しないので、試技で失敗することになります。常に胸を張った状態で肘を伸ばすという体の器用さが求められる点では、パワーリフティングは特化しているといえます。そこまでではなくても、体の使い方は最低限理解しておかないと効かせるのは難しく、ケガもしてしまうでしょう。胸を張った状態で肘を伸ばすためには、何ヵ月も何年も修行が必要なわけではありません。感覚・意識の問題なので、むしろわずか1〜2分でできてしまうものです。座った状態でその姿勢をとってみて、できたらそのままベンチ台に横になって実施するだけです。20秒以内であれば、体は感覚を覚えているといわれています。トレーニングを

 インクラインベンチで角度をつけすぎてしまうと、解剖学的・力学的に肩にしかかかりません。（鈴木）

始める前に意識し、セットして開始するまでは20秒もかからないと思いますから、理屈さえわかれば誰でもできると思います。

体格や骨格によって適切なフォームは異なる

鈴木 ベンチプレスの負荷が胸に入りやすい人と、肩・腕に入りやすい人がいるといわれますが、それは肋骨の形（丸さ）や鎖骨の長さが関係しているのではないかと私は考えています。肋骨の形状が丸い人は、バーベルを下ろすときに肘が下がってくるので、胸がきちんとストレッチしますが、平坦な人はバーベルを下ろす動作が単純なプッシュになりがちです。自分の骨格・体格の特徴に合ったフォームを探すのがよいと思うのですが、どうでしょうか？

荒川 そうだと思います。手首や肘の使い方で、肩の収まり方は変わりますからね。例えばリストラップの幅や長さを変えるだけでも、手首が落ち着いて肘や肩が安定することもあります。ただし、あくまでも基本は「胸を張って肘も伸ばす」です。といいながら、胸を張るという動作は背中の動きにも通じます。そのため、胸は張るけれども、横隔膜はリラックスさせることが必要です。ちぐはぐなのですが、これができるようになれば上級者といえます。

鈴木 解剖学に加えて力学的な部分が左右するのは、胸くらいです。ケーブルクロスオーバーにしても、胸を張る動作で胸は伸びているにもかかわらず、収縮にいきます。

荒川 手首にしても解剖学と力学とのせ

めぎ合いです。まっすぐにするのがよいのですが、それだと安定しません。チェストプレスなら構わないのですが、ベンチプレスは寝て行うものなので、手首を痛めてしまいます。また手首を立てると解剖学上、肩が上がってしまう。つまり、手首は寝ないといけないのです。けれども寝すぎても痛めるので、リストラップを使いましょうということになるわけです。手首の角度もバランスが大事なのです。グリップに関しても、うまく胸に入る位置というのは人によって違うのはもちろん、その日の体調によっても異なります。それはバーに手を押し当てることですぐ把握できます。手を押し当てて動かないところが一番安定しているということなので、その位置で挙げるようにすればいいのです。これも知っているかどうかが分かれるところです。

成長には能動的動作よりも受動的動作が必要？

鈴木 ベンチプレスに関する話が続いてしまいましたが、胸のトレーニング全般でいくと、まずは種目の選択法でしょうか。何を選択するかは、マシンの種類によるところもあります。例えばプレートローディングタイプのマシンは、終動負荷か中動負荷かで分かれます。つまりスティッキングポイントがある。そのほかのマシンはスティッキングポイントがあまりなく、勢いで押すとスコンと抜けてしまいます。裏を返せば、関節にそこまで負担がかからないのでケガを防げるという利点はあります。

また、マシンの場合は感覚的に胸で押すことができます。スティッキングポイ

ントでは上腕三頭筋の外側頭を使わなければなりませんが、最後は胸でグッと押しやすくなるから粘りやすい。マシンは粘らなくてはならない、ということでもあります。肩が痛い人でも、チェストプレスならねちっこくできるはずです。

荒川　初心者の方はフリーウエイトに対する恐怖や不安もあるでしょうから、やはりまずはマシンから始めるのがよいと思います。

鈴木　日常生活において胸でコントロールする動きはありませんからね。まずは胸を使うことを覚えなければなりません。トレーニングで最初に行うのは、筋肉を鍛えることではなく、神経を発達させることです。そういう意味では、マシンのほうが確実に胸への刺激を感じられます。

　ただし、マシンはとても効きやすいのですが、例えばレッグエクステンションで脚がものすごく発達するかといえば、しません。感覚としてはレッグエクステンションがいいけれども、スクワットのほうが確実に発達します。その理由は、筋肉を分散して使っていない、つまり刺激の入る範囲が限定的であることが考えられます。胸ならば、ベンチプレスで与える刺激はどちらかというとネガティブ動作で大きくなり、横隔膜をはじめとした細かい組織をしっかり鍛えているといえます。あとは、人間の本能的な機能というのもありますよね。危ない種目ほど発達する、というのでしょうか。もちろんそれだけを求めてもよくないのですが、成長のためにはそういう部分も必要ではないかな、と。

荒川　マシンよりもフリーウエイトのほうが効果的という話に関して、脊柱起立

筋に受容体があるとか、ホルモンの影響などといわれることがあるのですが、実際にそういった論文を見たことはありません。フリーウエイトがいいのはわかっているのですが、現時点で明確なエビデンスはないわけで…。そう考えると、鈴木君は本能的に必要性を感じているのかもしれませんね。

鈴木　実際に体感したことなのですが、それまでレッグプレスマシンでトレーニングしていたのを、45度レッグプレスのほうが発達しそうだと思って変えたことがあります。いざやってみると、レッグプレスマシンはグッと力を入れて蹴らなければならず、意外に疲労感があるのですが、上方から落ちてくる重量をそのまま押し返すだけの45度レッグプレスは、それに比べて若干負荷が弱いと感じました。けれども45度レッグプレスのほうが、その後の筋肉痛がひどく、脚もよく膨らみました。

荒川　それこそ鈴木君が話していた本能的なもので、「潰される」という感覚があるからでしょうか…。

鈴木　おそらくネガティブ動作で負荷がかかるのもあると思うのですが、根本として成長には「押すぞ」という能動的な動作よりも、「押さないとダメだ」という受動的な動作が必要なのかもしれません。

鈴木　大胸筋は上部・中部・下部に分けられます。その分類で鍛え分ける方は多いと思いますが、個人的には、停止部は若干違うものの大体同じところに集合しているので、胸をきちんと動かせていれば、上部も中部も下部も鍛えられていると考えています。ただし先にも述べたように、鎖骨の長さや肋骨の形の違いによ

最近のインクライン系マシンは45度くらいのものが多いのですが、角度は30度くらいか、あるいはもっと浅くてもよいと思います。（荒川）

って収縮や伸展のしやすさは変わります。例えば、鎖骨が短いと大胸筋上部が収縮しやすい。普通にベンチプレスをしても、中部ではなく上部に入ります。加えて、下部がつきづらいというのもあります。

最近は、上部・中部・下部で効かせ分けることにこだわりすぎている節があるのかなと思います。私は分けて鍛えることはあまり意識しません。グリップを少し変える程度です。

ぜひ体感してみていただきたいのですが、ペックフライの動作で、絞ったときに親指同士をつけると上部に刺激が入ります。一方、小指同士をつけると下部に入る。あるいは下部の種目とされているディップスが、上部に効く人は少なくありません。いずれも神経の連動によるものであり、筋膜や神経の連動に関わる事象は胸以外にも多々あります。

効かせ分けに関して気をつけなければならないのは、インクラインベンチで角度をつけすぎてしまうことです。45度以上でバーベル系の負荷を加えると、解剖学的・力学的に肩にしかかかりません。バーベルを下げて、上げる際の切り返しにスティッキングポイントがあり、そこで筋肉の動きが変わるので、そのまま挙げると、よほどトレーニングがうまい人

でない限り、肝心の胸は収縮せず肩に入ってしまうのです。

荒川 このケースはものすごく多いです。

鈴木 チェストプレスでも十分上部に入ります。ただ、理屈上は上方に向けて挙げると上部に効くので、多少角度をつけることは必要かもしれません。いずれにしても「ちょっとだけ」でいいのです。

荒川 最近のインクライン系マシンは、45度くらいのものが多いのですが、純粋に座って行うと肩を痛める恐れがあります。角度は30度くらいか、あるいはもっと浅くてもよいと思います。

鈴木 もちろん、マシンの使い方に沿った方法で行うのですが、マシンに扱われないことが大切です。マシンに体を合わせてトレーニングすることもそうですし、ベンチプレスの際に「アーチをつくるのもチーティングだ」とベタ寝で実施する人がいます。ベタ寝自体にメリットがあるわけではなく、むしろベタ寝だと肩が前に出るので痛めかねません。あと、足をベンチの乗せて行うベンチプレス。バリエーションや強化法の1つとしてはアリですが、丁寧にやるための手段ではありません。足をベンチにのせると股関節が屈曲し、胸は張りにくくなります。

胸トレの 極意	一、胸は、解剖学に加えて力学が大きく左右する。 一、ベンチプレスは基本をしっかり押さえさえすれば、8割方完成。 一、胸をきちんと動かせていれば、 　　効かせ分けにはこだわりすぎなくよい。

バーベルベンチプレス

TARGET | 大胸筋 |

骨盤を立てる

骨盤をグッと立てるようにして骨盤底筋群に力を入れると、体幹が安定して胸が張りやすくなる。

肘を横に張り、胸も張りながら動作する

胸を張ったままバーベルを下ろしていくが、肘から曲げてプッシュするのではなく、肘を軽く横に張って、胸を張りながら下ろし、大胸筋にストレッチを感じたら上げる。これを繰り返す。

足でしっかり踏ん張る

ベンチ台に横になり構えたら、踏ん張りやすい位置に足を置く。母趾球寄りで踏ん張ると、大腿上部や腹にも力が入り、肩甲骨の上方が寄りやすい。かかとのほうが踏ん張りやすい人は臀部に力が入りやすいので、そこを意識して肩甲骨を下に寄せる。

手幅とバーをのせる位置

81cmのラインに人さし指・中指・薬指の
いずれかがかかるようにする。親指側や
小指側ではなく、しっかりと手のひらの真
ん中にバーをのせる。グリップは握りすぎ
ないこと。

肘を伸ばして胸を張る

ラックアップしたら、
最初に内肘を伸ば
して胸を張る。そうす
ることで胸が収縮し
やすくなる。胸を張
ると肘は曲がりやすく
（①）、肘を思い切り
伸ばすと肩がポコン

と前へ出る（②）が、肘を伸ばすことと胸を
張ることの両方をクリアすることが重要。

手首の角度

手首を立てる（①）と解剖
学上、肩が上がってしまう
ため、手首は寝ないといけ
ないが、寝すぎても痛める
（②）。バーに手のひらを押
し当てて動かないところが
最も安定する。

199

ダンベルベンチプレス

しっかり胸を
張れることが
一番のポイント

TARGET | 大胸筋 |

構え 基本的にはバーベルベンチプレスと一緒。ダンベルの特徴として、上肢（上腕〜前腕）が床に対して垂直にならないと、重さの伝達が悪くなる。構えたときに腕が内側に入ると肩甲骨が開いてしまうので注意。

股関節を広げすぎない

股関節を広げすぎてしまう人が意外に多いが、腹圧が入らず大胸筋は収縮しづらくなる。閉じすぎてもよくないが、腹圧が入る程度にセット。

胸を張り、肘を横に開く

ダンベルプレスの場合は、直線的な軌道となる。三角形を描くようにもってくるイメージ。一方、ダンベルフライの場合は、円を描くような軌道となる。肘が円を描くようにもってくるイメージ。どちらがより効果的か

は人それぞれのため、好きなほうを行うので構わない。

ダンベルフライ

肘は
90度よりも
やや開く程度に

ダンベルベンチプレスとの違い

ダンベルフライは上腕が外旋するので肩甲骨が寄せやすくなり、胸にストレッチがかかりやすい。ダンベルベンチプレスはどちらかというと、上腕三頭筋の外側頭を使ってしっかりと押し込みやすいので、重量が扱える。うまく使い分けることで、それぞれに利点がある。

スタートポジションが内すぎる

前腕が床と垂直になる位置をスタート／フィニッシュとする。そうすると肩甲骨が寄せやすく、胸も張りやすい。ダンベル同士が接触するようなポジションは、負荷が全くかからない。

肘をしっかり開き、前腕は垂直よりやや開く

フォームはダンベルベンチプレスとほぼ同じだが、より肘をしっかり開く必要がある。加えて、前腕に力が入りすぎないポジションをうまく使うこと。前腕が床に対して開きすぎてしまう（①）と肩に入ってしまうので、90度（垂直）よりもやや開く程度に。100度くらいがダンベルの重力をうまく使えるポジションといえる。また、親指側にダンベルをのせてしまい、下げるときに内旋して肩が上がる（②）ケースも多い。なるべく手のひらの真ん中あたりにダンベルをのせて下げる。

201

インクラインダンベルベンチプレス

TARGET | 大胸筋上部 |

ベンチの角度

インクライン系種目で特に気をつけなければならないのは、角度。ベンチや背もたれの角度をつけすぎないようにする。角度をつけすぎると、胸を開いたり内側に絞り込んだりする動作ではなく、前に押す動作となり、肩に効いてしまう。ダンベルを用いる場合には、内側に絞り込めるような要素があるため、45度くらいの傾斜がついていてもOK。

前腕は床に対して垂直を保つ

前腕は床に対して垂直くらい。それよりも内側に入ると、肩甲骨が開いてしまう。

下ろす位置

必ずしもダンベルやバーベルを胸につける必要はなく、肘を軽く横に張って大胸筋上部にストレッチがかかるところまででよい。それ以上下げようとすると、肘をたたんだり、肩を上下させようとしたりする代償運動が起こり、肩を痛める恐れがある。

腕を上げる角度

やや上方に向けて上げることで、
大胸筋上部に十分効かせることが
可能。角度をつけすぎてしまうと、肩
への刺激となる。

アゴの位置

腕を上げすぎてしまうとアゴを引い
てしまい（①）、肩が上がるので注
意。一方で、アゴが上がりすぎるの
もよくない（②）。

プルオーバー

構え方

ベンチに交差するようにポジショニングして、ベンチに肩甲骨を置く。肘は軽く曲げる程度にして、胸を張り、ダンベルを頭上に下ろす。そして胸の上までダンベルを戻す。首がベンチから出ないように気をつけること。

小胸筋狙いか、前鋸筋・大胸筋下部狙いか

小胸筋狙いの場合は大胸筋上部から動かすつもりで行い、前鋸筋・大胸筋下部狙いの場合は大胸筋下部から動かすイメージで行う。P205掲載の「ダンベルの持ち方」「股関節」も合わせて行うと、ターゲットとする部位を刺激しやすい。

ダンベルの持ち方 肘の開き方はダンベルの持ち方で決まる。

● **前鋸筋や横隔膜を狙う…**
　指先を外側に広げる

母指球にダンベルをのせるが、指先を
少し外側に広げて持つ（ハの字型に持
つ）。指先を少し広げることで肋骨が開
き、ストレッチしやすくなる。

● **小胸筋を狙う…**
　指先はまっすぐ

小胸筋を狙いたい場合は、指先はまっす
ぐにして骨盤を働かせ、縦に握ってその
まま下げていく。

股関節

● **前鋸筋や横隔膜を狙う…**
　股関節をやや開く

つま先を少しだけ外側に向けて股関節
を開くと胸部でも下のほうが、かなりスト
レッチされる。

● **小胸筋を狙う…骨盤を締める**

小胸筋を狙う場合はベンチプレス同様、
骨盤を締めてしっかり胸を張り、アーチを
つくる。そうするとことで肩が下がり、小
胸筋が動く。

チェストプレス

TARGET | 大胸筋 |

シートの合わせ方

チェストプレスはシートの合わせ方が重要であり、それによって胸に効くか肩に効くかが決まる。胸の真ん中を鍛えたいのなら、そこにバーを合わせる。これが意外にできていないケースは多い。胸とバーの位置は同じ高さになるように（①）。

骨盤の立て方

座って行う種目であるため、骨盤の立て方が大事。意外に多いのが、丸まってしまう（骨盤が後傾してしまう）ケースで、肩が出てしまい。骨盤はしっかり立てること。ただし反るのではなく、腹に力を入れられる程度に立てる。骨盤を立てると胸が張れ、腹に力が入りやすい姿勢となる。

バーを握る位置

通常はまんなか当たりだが、マシンによって異なるため、「胸をストレッチさせたときに、最も伸びるところ」を目安にするとよい。しいて言うならば、肘が90度よりもほんの少し曲がる（内に入る）くらい。

構えと目線

基本はベンチプレスと一緒。しっかり胸を張り、肘を伸ばして構える。シートが床に対して平行ではなく、先端に向かって斜めになっていることが多い。シートの角度に目線を合わせる（まっすぐならまっすぐ、斜め上なら斜め上）。

グリップ

サムレスにすると手首を寝かせやすくなり、肘をたたんでしまうことにつながる。手首は寝かせすぎないように注意し、しっかり立てる。

ペックフライ

TARGET | 大胸筋 |

収縮狙いに最適

ほかの種目とは異なり、収縮ポジションで負荷をかけやすい。収縮狙いで行うときは、収縮位からスタートする。軽く胸を張ったまま、内肘と内肘を近づける。軽く肘を伸ばした状態で行うと、胸の内側まで収縮しやすくなる。戻すときは肩甲骨が寄る手前（肩が後ろにいかないところ）で止める。

**シートの
合わせ方**

座ったときに股関節を開かない。つま先と膝はまっすぐにして、腹圧をかけやすいようにする。

握り方

バーを握るように持つと、肩に負荷が逃げてしまう。できれば手のひらのまんなかにのせるようにして持つ。サムレスでも構わない。

肘を曲げると…?

肘を曲げると、胸の内側よりも外側が収縮しやすくなる。

ケーブルクロスオーバー

立ち位置

ケーブルよりも前に立つと肩甲骨が寄った状態になり、胸の外側に効かせやすい。一方、ケーブルの真横に立つと（①）ストレッチしないので、動作する際に胸の収縮になりやすい。

胸を張り、肘を伸ばした状態で動作する

しっかりと胸を張ったまま肘と肘を近づけていく。肘をしっかり伸ばした状態で行うと、胸の内側が収縮しやすい（①）。逆に肘を軽く曲げると、胸の外側が収縮しやすい（②）。

握り方

なるべく手のひらにグリップをのせるようにし、なおかつ少し肘を張った状態で行うとストレッチした際にも負荷が逃げない。指で握ると、戻したときに肩に入ってしまう。

ディップス

骨盤を立てつつ腹圧が
しっかり入るように

脚の組み方

脚を後ろに組んで骨
盤を立てる（①）と、胸
が張りやすい。ただし
腹圧が抜けてしまうと、
体を下げたときに横隔
膜が開いて胸から力
が抜けてしまうので、
なるべく骨盤を立てつ
つ、腹圧がしっかり入
るようにする。

胸を張って
肘を伸ばす

胸をしっかり張って肘
を伸ばし、胸を開くよう
な感じで体を下げてい
く。

握り方

なるべく手のひらのまんなかで、
バーを押さえるような形で握る。
親指・人さし指の付け根で握ると
肩に入ってしまう。

Chapter:2

背中のトレーニング

DISCUSSION

加藤直之×鈴木雅

「各筋肉の筋線維の走行まで意識し、テクニックでうまく鍛え分ける」

鈴木雅さんが「うらやましい背中」と語るのは、体操競技のスポーツ歴をもつ加藤直之さん。加藤さん自身も「背中の発達に困ったことはない」と言うが、その一方で、さらなるステップアップを試みるために、いろいろと知りたいこともある模様。加藤さんが鈴木さんへ質問を投げかける形で背中談義は進んでいった。

キング・オブ・背中トレはチンニング!?

鈴木 個人的には、背中のトレーニングはほかの部位よりも種目数がある程度多くなければならないと感じています。というのも、背中は大円筋、広背筋、僧帽筋下部・中部・上部、脊柱起立筋と、各パーツの筋肉が大きい。それぞれを意識してトレーニングしていかないと、弱点が多くなってしまうと思うからです。

加藤 私は、背中は僧帽筋、広背筋、脊柱起立筋で分け、筋線維の走行方向を考えると上・中・下を基本に、あと2つ。5つくらいの角度で鍛えていくと、背中は充実するのではないかと考えて意識しています。

鈴木 私も一緒です。筋線維によって起始・停止が異なるので、走行方向を意識してトレーニングを行うか否かで、かなり変わりますよね。背中の種目だと、私はチンニングを重視しています。ラットプルダウンは引っ張ったときに、収縮ポイントで思いきり受けなくても大丈夫で、逃がす気になれば逃がせてしまいます。それに対してチンニングは、ぶら下がった位置から最後の収縮まで、終始負荷がかかっていて、しかも肩甲骨をフルで動かさなければ引けません。シートに座らないので腰椎が丸まることもなく、重力に従ってぶら下がっている状態なので、正しいチンニングが行えれば、バランスよく筋肉がつきます。デッドリフトとチンニングだけでも、かなりいい背中になるのではないかというのはありますね。

加藤 私はボディビルを始めた当初、ま

さにデッドリフトとチンニングばかりや
っていました（笑）。もともとパワーリフ
ティングに取り組んでいたこともあり、
トレーニングはBIG3から始まっていて、
それで基礎がつくれた部分があります。

鈴木　チンニングにしてもラットプルダ
ウンにしても、可動範囲が中途半端になっ
ているケースが多い気がしています。
「負荷が抜けないところまで」といいま
すが、腕を伸ばすと背中の負荷が抜けて
しまうのは握りがしっかりしていないと
いうこと。つまり、背中のトレーニング
があまりうまくいっていない、というこ
とです。

　ここで重要になるのがグリップコント
ロールです。腕を伸ばすと背中の負荷が
抜けてしまう人は、おそらく親指・人差
し指・中指の握りが強くなっていると思
います。それだと、腕で負荷を受けてし
まうことになります。ぜひ試してみてほ
しいのですが、親指・人差し指・中指で
握って腕を上方に伸ばしていくと、肩甲
骨が挙上して背中の負荷が抜けます。け
れども中指・薬指・小指側でしっかり握
る、つまり手を上からかぶせるような形
で握って腕を挙げると、背中が伸びます。

加藤　鈴木さんは背中のトレーニングの
なかで、グリップや足幅、体を立てるか
倒すかといったところに、かなりこだわ
っていますよね？　私はもう少し簡略化
していますが、鈴木さんのトレーニング
をかなり参考にしています。

背中トレで重要な3つのポイント

鈴木　加藤さんは、背中のどのあたりが
重要だと考えていますか？

加藤　背中はあまり発達に困った部位で

はなかったのですが、「下背部が弱い」と
指摘されたことがあります。そこに対し
て、どのようにしてターゲットを合わせ
ていこうか、という点は今も悩んでいて、
鈴木さんにぜひ聞いてみたかったんです。

鈴木　下背部がターゲットとなる場合に
重要なのが、実は脚です。背中のトレー
ニングを実施する際に、足幅を肩幅に広
げると主に中臀筋が働き、大臀筋や大腿
筋膜張筋も関与してきます。要するに、
足幅を広げると股関節が使えるようにな
るわけですね。その状態では脊柱起立筋
を中心に使うことになります。これが腰
幅になると、ハムストリングや大腿四頭
筋が働き、大円筋や肩甲骨まわりに効き
ます。もう1つ、腰幅でベントすると、
ハムストリングが伸びます。この状態で
ロウイングを行うと大円筋を使うことに
なる。一方で母指球に荷重すると、支え
るのはハムストリングではなく体幹、腹
筋まわりとなり、この姿勢でロウイング
すると肩甲骨まわりを使います。体の使
い方が違ってくるのです。

　デッドリフトでも一緒です。母指球重
心にすると腹圧が入りやすくなるので脊
柱起立筋や肩甲骨まわりを、かかと重心
にすると大円筋を使います。ただし、こ
のときに足幅を肩幅にしてお尻で支え、
脚の横を伸ばして引くと…。

加藤　あ、広背筋ですね。

鈴木　そうなんです。足幅が広すぎてし
まうと腹圧が入らないので、腰を痛めな
いよう注意は必要ですが。背中のトレー
ニングを進める上で、私がいつも伝える
ようにしているポイントが3点あります。
1つ目は「骨盤」で、骨盤をしっかり立て
ること。2つ目が「股関節」です。これは

種目を変えるのではなく、種目のなかでやり方や意識を変えていきます。(加藤)

先ほどお話しした足幅やつま先の開き具合ですね。そして3つ目は「アゴの向き」、いわゆる頸反射です。特に胸椎が大事で、胸椎が屈曲状態だと背中が収縮しづらいので、胸椎は伸展位、頸椎はまっすぐにするのがいいと思います。まずは骨盤をしっかり立てることから始めるのがオススメです。骨盤が立っていないと、胸椎もニュートラルな状態にはならないですから。

加藤　勉強になります！

鈴木　もちろん人によって動かしやすい・動かしにくいはあるでしょうが、頭で理解できれば、弱点部位は改善できるはずです。加藤さんがうらやましいのは、器械体操をやっていたことです。体操選手は背中がよく発達していて、肩や腕も含め、バランスよく筋肉がついています。それはおそらく、グリップコントロールと筋肉の使い方がうまいから。鉄棒を握るときは、手のひらでしっかり握らないとすべての筋肉が使えません。しかも、手のひらでしっかりと握ることによって力を入れたり抜いたりするので、背中の伸張と収縮がちゃんとできます。それがトレーニングのときも自然にできているといえます。

加藤　体操選手は、力を抜いて入れるのがうまいと思います。そうしないと体がうまく連動しないので、さばけない。もしかすると、そのあたりは長けているのかもしれません。

鈴木　だから、加藤さんの背中は実施する種目数が少なくても、バランスよくついているのでしょうね。

加藤　自分でも、種目数が少ないとは思いますね…。基本は（上・中・下の）3方向で引けばいいと思っているので、デッドリフトを引いて、ベントオーバーロウかダンベルロウを引いて、チンニング。これがベースになっています。あとは少し握りを変えてみたり、重心の位置を変えたりするくらいです。種目を変えるのではなく、種目のなかでやり方や意識を変えていきます。例えば上から引くラットプルダウンなら、上体を倒して行うパターンと立てて行うパターンでやります。性格的に、試してみたものがうまくハマるとそればかりやってしまうんですよね。

鈴木　背中は、1つのマシンで1つの鍛え方を行うわけではありません。例えば、大胸筋上部というとインクラインマシンですが、それがほかで生かせるかといえば、あまり生かせない。けれども背中は、引き方や足幅などやり方次第で応用がいくらでも効きます。裏を返せば、マシンのチョイスがかなり重要。「ここを狙いたいときにはこれ」というのを理解していないと、ミスマッチなチョイスになってしまいます。

高重量で行う必要はあるのか？

加藤　ツーハンドとワンハンドの使い分けは、どのように考えていますか？

鈴木　体の支点が変わります。ツーハンドは体幹部分を使うので肩甲骨が動きますが、ワンハンドでは支点が外になって肘のほうから動くので、アウトラインに

効きやすくなります。広がりがつく人の引き方と、厚みがつく人の引き方は、肋骨の大きさや形で違ってきます。例えば「クローズグリップだと厚みがつく」といわれますが、クローズグリップでは肩甲骨は寄りません。下方に向かって引くと、広背筋は収縮しますが、肩甲骨は動かないのです。では、上方から引っ張るとどうかというと、脇は締まりますが肩甲骨はやはり寄らない。ということは、肩甲骨を寄せたときの手幅がベストチョイスということになります。

加藤 実際に体を動かしてみると、よくわかります。

鈴木 グリップの握り方もそうですが、手幅も指1本で違ってきます。

加藤 背中で種目を変えるときがあるとしたら、どのようなときですか？

鈴木 新たな改善点を見いだしたときや、実際にやってみたけれど全く伸びないときは、トレーニングの方法を大きく変えることもありますし、アプローチの方法としてもっといいものがあるのではないかと考えるようにします。

加藤 重量設定についてはどのように考えていますか？　私の場合、エゴを捨てられないところがあって、どうしても重さにこだわってしまいます。そのなかで最近よくやっているのは、重いものはしっかり持つけれども、まずは可動域の狭いものから始め、重量を軽くしながら可動域を徐々に広げていくような形です。でも…、重さって必要ですか？

鈴木 私も重さを持つことを考えていま

すが、あくまでも動きがきちんとできる上での重量なので、そこは自分がどこで割り切るか、ですね。無理に高重量を持ってフォームを犠牲にすると、リスクもあります。昔、ベントオーバーロウを220〜230kgくらいでやっていました。それなりに効きはしましたが、それで一度、広背筋を切ってしまいました、それも過収縮で。脊柱のすぐ脇に付着しているので、ちょっとした動きでも響きますし、呼吸もできなかった。それで「これはきっと神様の思し召しだ」と、重量を落とすことにしました。

ちゃんとしたフォームでできる範囲で重たいものを持てば、サイズはそう簡単には落ちないものです。ただ、重さを持つことは、絶対に必要だとも思います。ずっと軽いものでやっていたら、いつか必ず高重量を持てなくなる日がくるから。それに、全身を連動させないと重たいものは扱えないですからね。加藤さんの場合は特に、筋の動かし方でバランスが取れているので、逆に重いものでやろうとしたほうが、最終的にいい部分がつきやすくなってくる。逆に重さを落としてしまうと、訳がわからなくなってしまうことがあるのではないかな…と思います。

加藤 図星です（笑）。だからこそ、鈴木さんに聞いてみたかったんです。

鈴木 ちゃんと連動して使えていて、全力で体を使っているからでしょうね。きっと、正しいフォームでできるだけ重たいものを持つことで、筋量がついてくるタイプだと思います。バランスが取れて

いる人は、ある程度チーティングを使っても、可動域が狭くても、重たいものを追求しても、つきますから。ただし、明らかに体のバランスを崩している人や体の硬い人は、特にお尻まわりや広背筋はうまく使えないので、僧帽筋ばかりついてしまうんですよね。要は広がりがない。

グリップの重要性

鈴木　話がそれますが、グリップについては、私はサムレスではあまりしません。親指は絡めますが、ちょっと入れるか、ちょっと入れないか。背中だけでなく肩のトレーニングでもそうですね。

加藤　サムレスにすると、バランスが崩れてしまいますか？

鈴木　これは、ほかにやっている人がいないと思うので、あくまでも私の応用になりますが、親指を外すと橈骨筋が働くんです。背中の種目をサムレスで行うと、肩甲骨が縦に動かなくなるので、広背筋に入らなくなります。かといって、親指を入れて握ってしまうのもダメで、少し抜くことで広背筋が使いやすくなります。

　ただしベントオーバーロウは、構えたときに肩甲骨を下制しなくてもよいので、サムレスでも構いません。むしろサムレスにしたほうが脇を閉じやすいので、広背筋に効きます。前述の通り、親指を入れると肩甲骨が縦に動くので、肘が開い

て背中でも上のほうに入ります。

加藤　ラットプルダウンで大円筋に効かせる場合は、サムレスにしますか？

鈴木　いえ、普通にサムアラウンドで、ちょっと小指を入れます。そうすると尺骨神経が働くので、親指が握れなくなるはずです。私がよくやるのは、指ではなくて手のひらで握ること。指で握ると大円筋にくるのですが、握り込むことで広背筋にきます。引くときも、親指を入れないと肩甲骨が下がりません。肩甲骨の動きは、ロウイングのほうがわかりやすいかもしれません。サムレスだと大円筋になりやすいし、親指を入れると肩甲骨が動きやすいので。

加藤　背中の種目でサムレスは基本なし、ですか？

鈴木　大円筋を狙うときは、サムレスのほうがいいと思います。ベントオーバーロウもサムレスで大丈夫ですね。

加藤　ベントオーバーロウは、肩が勝手に下がるから脇を締めるほうを優先する、と。　今日教えてもらったことを、1回整理しないとダメですね。でも、普通はここまで考えないですよね…？

鈴木　無意識的なことをなくして、すべて意識的にやるようにしました。踏んだ位置、支える位置、持った位置…すべてが連動しているので。なかでも、背中や脚は連動性の高い種目だと思います。

背中トレの極意

一、筋線維によって起始・停止が異なるので、走行方向を意識してトレーニングを行う。

一、背中を強化する上では「グリップコントロール」「骨盤」「股関節」「アゴの向き」がカギ。

一、マシンのチョイスがかなり重要。ミスマッチは弱点部位の改善にならない。

デッドリフト

構え

スネに当たるく
らいの位置で
バーを持つ。肩
まわりは力を抜
いて楽にし、肩甲骨は寄せすぎない。目
線はまっすぐか、鏡に映った自分の足元
をぼんやりと見る形。下腹部に力を入れ
て、まっすぐ立ち、同じ軌道で戻す。

手幅とグリップ

肩幅（立ったときに、まっすぐ腕を下ろした
位置）で、グリップはサムアラウンド。サムレ
スだと肩甲骨が動きづらくなってしまう。

加藤スペシャル

「この方法は、デッドリフトは重量重視なので、とにかく重さが持てるフォームということで、パワ
ーリフターの兄に話を聞きながら模索したものです。重心は足の裏のまんなかくらいに置き、そ
のまままっすぐ引きます。全身でスコーンと抜く感じでしょうか。広背筋にはあまり効かず、思いき
り臀筋に効いています。ナロースタンスで行うと効くのですが、ワイドスタンスのときは重りをぶ
ら下げる感じになるため、背中で引いていたつもりが、いつのまにか臀部に入っていました…」
（加藤）

連動性が養われ、体幹が安定する
フルデッドリフトがオススメ

縦のイメージ

まっすぐ上げて、まっすぐ下ろすこと。体とバーとの距離が離れてしまうと、腰を痛めてしまう。

足幅

脊柱起立筋を使うのは、足幅は腰幅で、足の裏全体で踏みながらも母指球重心。

【フルデッドリフトの役割】

腰幅でかかと重心にし、サムレスで握る。下腹部に力を入れて、肘を引きつけるような感じで引っ張ると大円筋を使う。

バリエーション①

腰幅でかかと重心にし、サムレスで握る。下腹部に力を入れて、肘を引きつけるような感じで引っ張ると大円筋を使う。

バリエーション②

肩幅でつま先をまっすぐに向ける。グリップはサムアラウンド、サムレスのどちらでも構わない。下腹部に力を入れ、お尻まわりや大腿筋膜張筋で支えて後ろに引っ張ると、広背筋を使う。ただし腹圧が抜けやすいので、その点には注意が必要。

ラットプルダウン

目線

上を向きすぎず、下も向きすぎない。上を向きすぎると、腹圧が抜けてしまう。

広背筋（中部・下部）を狙う

足幅は肩幅。骨盤を立てて脚を90度にすると、大腿四頭筋で踏ん張りにくい。グリップはサムアラウンドだが、指ではなく手のひらをかぶせるように深く握り込むと、自然に親指は握れなくなる。バーを持ったらシートに座り、一度上体を後ろに倒す。バーにぶら下がるようにしてゆっくり戻っていき、広背筋が最もストレッチされている位置で、胸から上を少し後ろへ倒す形で、肩甲骨の下に向かって肘を引く。その際は、かかとからお尻の後ろで踏ん張る意識。

パラレルグリップ

肩関節が外旋することによって肩甲骨が下がりやすく、広背筋がストレッチしやすい。特に肩が硬い人は、広背筋をターゲットとするときにオススメ。

クローズグリップ

肩甲骨が内転しにくいため、大円筋や広背筋の中部・下部を狙いやすい。逆手に持つ「アンダーグリップ」はストレッチがかかりやすく、大円筋や広背筋を狙いやすい。

大円筋を狙う

シートに浅めに腰かけ、足幅は腰幅にして、かかとを浮かせて母指球で踏ん張る。上を向くと大円筋に刺激が入る。そのまま体を倒さずに、バーを見るようにして引っ張る。窮屈に感じる場合は少しだけ倒してもよい。バーの動きに合わせて、収縮ではアゴを引く。

グリップはサムアラウンド

写真のように親指あるいは人指し指を外さずに、サムアラウンドで握る。ただし、親指は少し入れる程度で、親指側で握り込まないように注意。

握り方

小指側の手のひらでバーを上から包み込むように握る。指で握らない。

ロープーリーロウ

広背筋を狙う

ベントオーバーロウと同様、足幅から大事になってくる。足幅は肩幅で、お尻で支え、楽にして構えると広背筋にのりやすい。胸椎から丸めるのではなく、骨盤を立ててやや前屈する。股関節屈曲位で広背筋が伸びるため、その位置から肘を脇腹に引き付けるような形で後ろへ引く。

僧帽筋下部を狙う

足幅を少し狭めて腰幅で構え、母指球で踏ん張る。グリップは親指もちゃんと握るようにすると持った瞬間に肩甲骨が開き、頭を下げると肩甲骨の間が伸びる。どちらかというと胸椎屈曲位から胸を張るように、肘を肩甲骨に近づけるように引く。引いたときは胸を張ってアゴを上げ、まっすぐ前を見る。

グリップ

●広背筋狙い（逆ハの字）

アタッチメントが「逆ハの字」になるような向きにして、小指側の手のひらで握る（サムアラウンド）と肩甲骨が下制しながら開き、広背筋がストレッチされる。一方、アタッチメントが「ハの字」になるような向きで、全体的に握る（サムアラウンド）と、肩甲骨が開き、僧帽筋がストレッチされる。

●僧帽筋下部狙い(ハの字)

221

チンニング

足は「組む」「組まない」の違いとは？

TARGET | 広背筋、大円筋 |

アシストチンニングマシンを使う

自重で正しくできる人は少ないため、アシストチンニングマシンを使う。

広背筋を狙う

少し伸び上がるようにして骨盤をしっかり立てる。座布団の上に正座をするようにシートに座ってしまう人がいるが、それだと骨盤が後傾してしまう。肩甲骨が下がりやすいように足を組む。体を引き上げたときに視線は斜め上方向へ。

大円筋を狙う

少し伸び上がるようにして骨盤をしっかり立てるのは一緒だが、足は組まない。体を引き上げたときにあごを引く。

ラットプルダウンとの違い

チンニングは慣性が働きづらいため、収縮で負荷がかかりやすい。また、インナーマッスルの関与が大きいことも特徴。

マシンロウ

TARGET | 僧帽筋（中部・下部）、広背筋

ロープーリーロウとマシンロウの違い

ロープーリーロウは股関節が屈曲できるため、広背筋を狙うのに適している。一方、みぞおちを当てるパッドが付いたマシンロウは、胸椎の屈曲・伸展動作が起こるので、僧帽筋下部など肩甲骨の内側に効く。

基本動作

足幅は肩幅と腰幅の間くらい。グリップはサムアラウンドで、親指はしっかり入れる。骨盤をしっかり立てて腹圧をかけられるようにして、パッドに胸をつけるというよりも、みぞおちを支点にするイメージで胸を張り、一度体を起こしてからアンダーグリップ気味に引っ張る。ストレッチのときには上腕は軽く内旋しており、上体を起こして、外旋しながら肩甲骨を下げて引っ張る。

ベントオーバーロウ

足幅を広げすぎると、腹圧が入らなくなるので注意

TARGET | 広背筋、僧帽筋（中部・下部）、大円筋

オーバーグリップで下背部を狙う

足幅は肩幅で全体的に重心を置く。足幅は広げすぎると、腹圧が入らなくなるので注意。膝を曲げすぎないように注意し、臀部から大腿筋膜張筋で支える。肘が閉じやすいのでサムレスで握り、肩を楽にして構え、肘で脇腹をするように引く。

アンダーグリップで肩甲骨まわり（上背部）を狙う

足幅は肩幅で母指球に重心を置く。胸は楽にして、体は丸めずに股関節からベントする。握りはサムアラウンドで後ろ肘を引き、肩甲骨を寄せる。

ワンハンド・ダンベルロウ

上体は自然に
起きるくらいであればOK

TARGET | 広背筋、大円筋 |

基本動作

足の裏全体もしくは、かかとに重心を置き、ラックか角度をつけたベンチに片手をつく。手をつく位置が低いと、肩が上がってしまうので注意。骨盤をしっかりと立てて臀部から大腿筋膜張筋で支え、上体は丸めすぎずに股関節から曲げていく。そして、肘を脇腹に近づけるように引く。上体は自然に起きるくらいであればOK。

骨盤は左右均等に

骨盤が左右均等に固定されていることが大事。重心は左右均等に置く。左右いずれかに重心が偏ると、骨盤が傾き、肩が上がってしまう。

ストレッチ＝1つのトレーニング
by 田代 誠

　一般的に、運動を実施する上で、ウオームアップ（準備運動）やクールダウン（整理運動）は欠かせません。ウオームアップには、大きく分けて2つあります。1つはストレッチ。これは体を動かすためのアップということになります。そしてもう1つは、軽い重量を持って行うトレーニング自体のアップです。トレーニング自体のアップは種目ごとにしっかり行うべきですので、ここではストレッチに関してお話ししましょう。

　私は、ウエイトトレーニングとは切り離して考え、ストレッチという1つのトレーニングとして、毎日30分ほどかけて取り組んでいます。なぜなら、年齢を重ねてくると体が硬くなるスピードは年々速くなっていると感じているからです。私の場合は、30歳を過ぎた頃から硬くなってきたなと感じ始めました。40歳を過ぎてからは一晩寝るどころか、5時間ほどたっただけで、既に硬くなっています。

　ボディビル競技を休んでいた時期は、ストレッチをほとんどしていませんでしたが、ふと自分の体の硬さに気づいてからは、「元のように軟らかくなるのだろうか？」と思い、真面目にストレッチに取り組むようになったという経緯があります。実際、元には戻りましたが、やはり再び硬くなるのは速いものです。あとは、ストレッチをすると調子が上がるの

も、実施する理由の1つです。全身をほぐし終えると体の微妙なバランスがとれているような感覚が芽生えますし、頭もスッキリして思考がクリアになるので、朝に行えば、その後の仕事もスムーズに進みます。

　このように、ストレッチをして損はないと確信したので、今も毎日必ず、ストレッチと簡単なセルフマッサージで全身をほぐすようにしています。

　昨今、スポーツの世界では「動く前に体をほぐしすぎると、競技パフォーマンスが下がる」といわれているようです。しかし、ウエイトトレーニングに関していえば、経験上、しっかり体をほぐした上で実施したところで不調を感じたことはありません。というのも、パフォーマンスが下がるほどほぐすことはできていないからだと思っています。ストレッチは、やらないよりはやったほうがいいということです。

Chapter:3

脚のトレーニング

鈴木 雅 × 荒川大介

「基本はスクワット＋補助種目。解剖学を押さえて効率よく鍛えよう」

脚のトレーニングといえば、「キング・オブ・トレーニング」と称されるスクワット。
ボディメイクにおいても欠かせない同種目を中心に、鈴木さんと荒川ツインズの兄・大介さんに脚の強化の重要性について語り合っていただく。

やりやすいフォームがスクワットの最重要事項

鈴木 脚といえば、キング・オブ・トレーニングと呼ばれるスクワット。その異名通り、昔から「スクワットひとつですべて鍛えられる」といわれます。重りを担いで、骨盤を動かし、重心をとってしゃがむ種目ですから、大腿四頭筋にもハムストリングにも臀部にも、ちゃんと効きます。

荒川 しゃがんで立ち上がる、という比較的単純な動作なのですが、難しく考えすぎてしまうあまり、ドツボにはまるケースもあります。そこは、日常でしゃがんだり立ったりするのと同じ感覚で、違うのは背中にバーベルを担いでいることだけだと考えれば、意外にできてしまう種目だと思います。

鈴木 スクワットが上手な人ほど刺激を分散でき、乳酸がさほど蓄積することもないので、まんべんなく鍛えることができます。関節や腰への負担も少なく、終わった後も若干疲労を感じる程度で、むしろ「ここの筋肉を使って動作している」という感覚はそんなにないと思います。パワーリフティング競技は特にそうではないですか？

荒川 そこに尽きるといっていいと思います。上手な人ほど「スクワットはしゃがんで立つだけ」と表現しますね。極論に思えますが、その通りなんです。

鈴木 裏を返せば、スクワットで特定の筋肉を狙うことには少々無理があります。「大腿四頭筋メイン」「ハムストリング（以下、ハム）を狙う」など、バリエーショ

ンで鍛え分ける話が出てくることもあり
ますが、それによってフォームが崩れ、
腹圧が入らなかったり、関節に大きな負
担がかかったりする恐れがあります。
「○○に効かせる」ではなく、「まんべん
なく刺激が入るなかで、どこを主働筋と
するか」と考えるのがよいと思います。

荒川　スクワットはバランスを保たない
と倒れてしまう種目なので、特定の筋肉
に効かせるよりも、個々のやりやすい形
で行うのが一番です。

鈴木　効率よく挙げることが求められる
パワーリフティング競技の場合は、特に
そうですよね。では、やりやすい方法が
どういうものかというと、例えばしゃが
むときに股関節から動くのか、膝から動
くのかということがあり、それは人によ
って微妙に異なります。まずは自分が股
関節中心にしゃがむタイプなのか、膝中
心にしゃがむタイプなのかを理解すると
よいと思います。あとは重心がどこにあ
るか、ですね。

荒川　そのなかで、腰の反りすぎや膝が
極端に前へ出ることには、注意が必要で
す。「スクワットでは膝がつま先より前
に出てはいけない」といわれることがあ
ります。そんなことは全くないのですが、
それでも極端に出すぎる場合には修正す
べきです。

体の成長・変化に応じて
フォームは変わって当然

鈴木　ちなみに「効率よく」というと、
ボディビルのスクワットとパワーリフテ
ィングのそれは違う、という人もいます
が、基本は同じです。スクワットは体幹
ももちろん使いますが、そもそも脚の種
目。しゃがんで立つという動作ですから、
脚が鍛えられないことは、まずありませ
ん。その上で、一番パワーの出せるフォ
ームが、自分にとってやりやすいフォー
ムということになります。それが自分に
合った身体の使い方にマッチしていれば、
全体的な筋量は増えていきます。けれど
も、人によってメインで使う筋肉は違っ
てくるので、自分のやり方がどこに最も
効いているのかを把握した上で実施する
ことが大切です。パワーリフターも自分
に合った方法でできている人ほど記録が
伸びると思うのですが、いかがですか？

荒川　単純に、筋肥大して筋線維が太く
なっていれば筋力も向上します。ただ、
不思議なことに、パワーリフターでスク
ワットの強い選手は脚が太いかというと、
意外に細い人もいます。筋出力の問題や
効率的なフォームによるものだと考えら
れますが、見た目以上に力が出る人はい
ますね。

　競技特性ではなくスクワットという種
目で考えると、その人にとっての主働筋
とは一番得意なところ、つまり最も強い
ところなので、股関節メインで動作する
人なら大臀筋、膝メインで動作する人な
ら大腿四頭筋ということになるでしょう
し、脊柱起立筋、すなわち背中主体で担
ぐ人もいます。

　これは、足幅やバーベルを担ぐ位置に
よっても違ってきます。最近はテクニッ
クの1つとして、かなり低い位置でバー
ベルを担ぐ人がいますが、それはテコの
原理を生かして、背中でなるべく力を分
散させたいときに用いるフォームです。
脚に効かせたい場合には、ある程度ハイ
バーになります。

鈴木　スクワットのフォームは人それぞれで、「これが正しい」という絶対的なものはないのですが、導入向けのスタンダードなスクワットはあります。それは第一に「ケガをしないフォーム」であること。次に「骨盤の角度」、そして「腹圧が入っているかどうか」です。骨盤の角度と腹圧は関連しますが、骨盤が前傾も後傾もしすぎず、腹圧が入る状態でしゃがむことが大切です。

　実施している本人のイメージと、客観的に見たイメージが異なることも多いので、できれば最初は信頼の置けるトレーナーにフォームを見てもらったほうがいいと思います。

荒川　最初のうちは、スクワットの強い人やトレーナーのまねをすることも、ある程度必要かもしれませんね。鈴木さんのフォームをまねる方は多く、見ればすぐにわかります。スタンスもそうですし、鈴木さんはしゃがむときの初動で股関節を少し引くので。あとはあまりアップライト（直立）に構えず、どちらかというとバーを背中におんぶするというか、胸郭をしまい込むような形ですよね？

鈴木　その形が、私はやりやすいです。膝まわりや大腿筋膜張筋が発達しやすいフォームですね。

荒川　鈴木さんの体の使い方が合っている人であればよいのですが、一方で鈴木さんの方法が合わない人もいるはずですから、そこは注意が必要です。

鈴木　野球の素振りと一緒で、スクワットのフォーム習得には反復練習が欠かせません。私も最初は、自分に合ったフォームがどのようなものかわからず試行錯誤しました。トレーニングとしてスクワットを行う日とは別に、40kg程度のバーベルを担いでフォーム獲得のための練習時間を設けていた時期もありました。反復することで、その人なりの「やりやすい」という感覚が必ず見えてくると思います。

荒川　自分のフォームを理解している人は、意外に少ないものです。鏡でチェックしたとしても、正面からしか見えません。ですから、先ほど鈴木さんが話したように最初は誰かに見てもらうだけでも違いますし、撮影が可能な環境であれば、今はスマホで簡単に撮影して確認できますから、そういった手段を駆使してフォーム調整していくのもよいと思います。

鈴木　ボディビルダーに多いのですが、補助種目を積み重ねていくうちに弱点が強化されフォームが変わることはあります。私の場合、最近は股関節から動かすことを主に行っているのですが、後面や大腿前面上部が強化されてきました。それによって、例えばセーフティーバースクワットを行うときに、これまではバーベルをおんぶするような形で胸を閉じたほうがよかったのですが、最近では胸を開いたほうがやりやすいと感じています。

荒川　筋力のバランスや年齢、腱の柔軟性などによってもフォームは変わるものです。私も、数年前とは全く違うフォームです。見た目には同じように見えても、自分のなかの感覚が違う。そのときの一

「スクワットはバランスを保たないと倒れてしまう種目なので、特定の筋肉に効かせるよりも、個々のやりやすい形で行うのが一番です」（荒川）

「野球の素振りと一緒で、スクワットの フォーム習得には反復練習が欠かせません」(鈴木)

番やりやすいフォームになっているはずなので、よく「フォームを固める」といいますが、そこはあまり意識しなくてよいと思います。

弱点や鍛えもれは スクワット以外で

鈴木 ボディメイクの観点でいえばスクワットだけでは不十分で、それによって刺激が入りにくい部分は、ほかの種目で補っていく必要があります。ただし、パワーを伸ばさないと全体的な重量は上がっていきませんから、スクワットは自分のやりやすいフォームで行い、刺激の入りづらい部分をほかの種目で補うのがよいと思います。初心者の方だと、そもそも筋量やパワーが足りていない場合も多くあります。そのため、腰への負担がきついなどの理由から、スクワットではどうしても追い込み切れないことがあります。そのときにはマシンで追い込むようにするとよいと思います。

荒川 スクワットがうまくなればなるほど、体幹や大腿直筋の付け根のほうの出力が増してくると思うので、ボディメイクを目的とする場合、特に膝まわりやハムはスクワット以外のアプローチもしていかないと難しいのだろうという気はしています。

鈴木 マシンの場合は「やりやすいフォーム」というよりも、解剖学的なしくみを覚えて、効かせたいところに効かせる必要が出てきます。ですから、どの部位でもそうですが、筋肉のつき方は学習す

る必要があると思います。少なくとも単関節か複合関節かは把握し、関節をどう曲げ伸ばしすれば狙った筋肉に効かせられるのかを覚えておくべきです。

例えば、骨盤が後傾した状態でレッグエクステンションを行うと、膝関節優位の動作になるため、内側広筋くらいにしか効きません。逆に、骨盤を立てて股関節を屈曲させるようにして行うと、股関節をまたいでいる筋肉がちゃんと収縮します。

レッグカールも、半腱様筋・半膜様筋・大腿二頭筋長頭は坐骨結節を起始にもつので、股関節が伸展していないと収縮しづらい。ライイングレッグカールでも、うつ伏せにセットすると股関節が「くの字」になることがあります。その姿勢のまま膝だけを動かしてしまえば、大腿二頭筋短頭や腓腹筋にしか効かないケースはよくあります。

レッグプレスでは、上体が丸まると骨盤が後傾しやすくなり、膝まわりにしか効かなくなります。シートに背中とお尻をつけた姿勢で実施することで、臀部や大腿部後面に効かせられます。パワーリフターの方も、スクワット以外の種目を行うことはありますか?

荒川 我々の場合はスクワットが競技練習になるので、スクワットで筋力を鍛え、フォームを習得し、重さにも慣れて…という部分があります。極論をいうとスクワットをやったほうがよいのですが、弱点は必ず強化しなければなりません。そうしないと重量は必ず頭打ちしてしまう

からです。挙上重量が伸びている人は構いませんが、弱点の有無によって筋力が決まるため、それを補うには、やはりスクワットで鍛えられない部分が出てきます。そのときに、スクワットのバリエーションで解決しようとする場合もありますが、仮に内転筋が弱いからと、足幅を広げたとしても、そのフォームで重さは積めません。必ずどこかで負担が生じます。それならばマシンで鍛えたほうが、遠回りに見えて実は近道ということはあります。弱点を鍛えるための方法として、マシンなのか、スクワットのバリエーションなのか、といったアプローチの方法は選択肢として持っておいたほうがよいと思います。

鈴木 ハムをスクワットで鍛えようとすると、倒れてしまいますよね。

荒川 スミスマシンで行うダックスクワットが一時期流行りましたが、ああいうスクワットでないと難しいのかな、と。スクワットはバーベルを担いで行うものですから、上半身のユニットが関係してきます。だからこそ、フォームを習得するのも難しく、ましてやスクワットだけで弱点を強化しようというのは、かなりハードルが高い。ケガをしないためにも、やはりここはスクワット以外の補助種目も行うのがよいと思います。

鈴木 特定のパーツを狙いづらいことから「ボディメイクにスクワットは不要だ」

という考えになりがちなのですが、逆にスクワットでしか鍛えられない部分もあるので、その考え方はもったいない。例えば、バーベルを担ぐことで上から押さえられたときに唯一使うのが多裂筋です。そのほかに、横隔膜や肋間筋といった体幹の深部筋も、バーベルを担いだ姿勢を保持する際に使われます。パワーリフターの方は、体幹がしっかりしている印象があります。

荒川 体幹の筋肉がある程度ついていないといけないのは、競技特性の部分が大きいかもしれないですね。

鈴木 それらが刺激されないと、サイズ感にもつながってきます。マシントレーニングだけで鍛えた体は、1個1個のパーツは丸いものの、全体的には小さい。舞台に上がったときにサイズ感がないので、一発でわかります。

　私は外腹斜筋がよく出るほうだと思うのですが、その理由も、おそらくスクワットだと思います。外腹斜筋を意識して鍛えたことは一度もないですが、思い返してみると、スクワットの後は外腹斜筋のあたりが少し疲れるんですよね。私は足幅を少しだけ狭めて行うので、骨盤が後傾するため、余計に使っている。そういう副産物によって、結果として密度感をつくることができているのではないかと思います。

**脚トレの
極意**

一、スクワットは特定の筋肉にではなく、
　　まんべんなく効かせる種目。

一、スクワットはやりやすいフォームで行い、
　　鍛えもれのある部位は補助種目を行う。

一、マシントレーニングに終始すると、サイズ感は得られない。

バーベルスクワット

大腿四頭筋、ハムストリング、大臀筋

構え

バーベルをラックアップしたら、ゆっくり下がる。上体は丸めすぎず、立てすぎず、下腹部に力が入りやすい形で構える。

目線

前方にある鏡で、自分の顔を見るくらいの高さにもってくる。

しゃがむ（一連の動作）

へそ（※）から垂れ下がっているロープをブラさないようなイメージで、まっすぐしゃがんでいき、最後までしっかりしゃがみ切ったら、立ち上がる。しゃがんだときの骨盤の角度は構えたときと同じ。丸まったり反ったりしないように注意する。深くしゃがみ込みすぎると骨盤の角度が変わりやすいので、そうならない深さまでしゃがむ＝フルスクワットと考える。

※人によって意識する部分は、へそだったり、首だったり、頭だったりなど異なる。

重心位置

足の裏全体でしっかり地面を踏めている状態から、ずれないことが大切。人によっては、感覚的に足の裏のかかと側、もしくは母指球側で踏んだほうが、バランスが取りやすい場合もある。ただし基本的には「足の裏全体」で踏む感覚で行うこと。この感覚を習得するためには、ゆっくりとした動作でスクワットを繰り返すのがオススメ。

担ぐ位置

全身を鍛える目的では、肩と僧帽筋の間に担ぐ（写真）ことで脊柱起立筋をはじめ背中に重さを分散することができる。ただし、体が硬い人はそれよりも高い位置にしか担げない（ハイバー）。また、意図的にハイバーで行う場合は、上体を立てることとなり大腿四頭筋に負荷をかけやすい。ハイバーで上体を寝かせ気味にすると腰を痛めやすいので注意。

● 腰幅

足幅

肩幅から腰幅くらいで立つと、大腿骨を中心に使う。腰幅よりも広げて立つと、中臀筋や大腿筋膜張筋、内転筋が働きやすくなってくるため、どちらかというと股関節まわりを使うことになる。

● 肩幅

233

バーベルスクワット

TARGET | 大腿四頭筋、ハムストリング、大臀筋 |

肩幅のスタンスで目線をまっすぐ

足幅を広め（肩幅程度）にとって目線をまっすぐにすると、股関節と膝関節をバランスよく使うことができ、臀部のラインから大腿四頭筋上部に負荷がかかりやすい。

肩幅のスタンスで目線を下げる

足幅を広め（肩幅程度）にとって目線を下げると、胸椎が屈曲しやすい。胸椎が屈曲すると骨盤が軽く後傾して股関節優位のスクワットとなり、内側広筋や大腿筋膜張筋に負荷がかかりやすい。

肩幅のスタンスで目線を上げる

足幅を広め（肩幅程度）にとって目線を上げると、股関節優位のスクワットとなって臀部に効かせやすいが、腹圧が入らずに上体を反ってしまうこととなり、腰を痛める危険性もあるので注意すること。

腰幅のスタンス

足幅を狭め（腰幅程度）にすると、大腿四頭筋中心の使い方になる。その状態で写真のように正面を向くと、大腿直筋やハムストリングに、視線を少し下げると内側広筋に入りやすい。

ブルガリアン スクワット

後ろ脚はなるべく曲げないように
お尻から落とす

TARGET | 大臀筋、ハムストリング、大腿四頭筋、内転筋 |

構え

左右いずれかの足の甲をベンチにかけ、もう一方の足のかかとに重心をのせて膝関節を緩め、お尻に重心をのせる。上体は前になる。目線はまっすぐ。

おなかを張ってお尻から落とす

お尻から落としていく。そのときに後ろ脚はなるべく曲げないように。おなかを張って体を下げていくことで腸腰筋が鍛えられる。

接地脚の膝をロックしない

スタート姿勢で床についた脚の膝を伸ばしすぎて、大腿部がまっすぐになっている。接地脚の膝をロックしてしまうと、結果的に膝から折れるため、大腿四頭筋に負荷がかかりやすい。

レッグプレス

大腿四頭筋・大臀筋・中臀筋

●肩幅 ●腰幅 ●両足をつける

腰幅のスタンス

スクワット同様、腰幅では大腿四頭筋やハムストリングに負荷がかかりやすい。肩幅では中臀筋や大腿筋膜張筋、内転筋が働きやすくなってくるため、どちらかというと股関節まわりを使うことになる。両足をつけて股関節を閉じることで、外側広筋を使う体の使い方になる。

足を置く位置

脚が伸びたスタート位置と、深く曲げた位置で重心が変わらない場所に足を置く。ハムストリングを狙いたいと、フットプレートの上方に足を置くと（①）、下げたときにお尻が浮いてしまう（骨盤が丸まってしまう）。逆に、足を置く位置が下すぎても、重心位置がつま先に変わるので（②）、膝まわりやカーフに負荷が偏る。

レッグプレスの種類

ここで紹介した45度レッグプレスは、下りてくるときに負荷がかかるため、ネガティブ動作で負荷がかかりやすい。水平のマシンレッグプレスはどちらかというとプレートを押すときに負荷がかかり、ネガティブ動作時の負荷はややマイルドになるので、膝に不安のある人は水平のタイプが安全。また、45度レッグプレスは脚を上に向けているため全身に血液がまわりやすく、乳酸がたまりにくい。そのため、レップ数はミドル〜ハイレップのほうが理にかなっているといえる。

【 姿勢のバリエーション 】

腰幅のスタンスで
胸椎を丸める

胸椎を丸めてフットプレートを見るような姿勢で行うと、骨盤が後傾しやすいので膝関節優位の動作となり、大腿四頭筋＝内側広筋や外側広筋に入りやすい。

腰幅のスタンスで上体は
まっすぐ、ややアゴを引く

骨盤を立てて腹圧をしっかりかけて行うと、大腿四頭筋とハムストリングの両方に負荷が入る。

腰幅のスタンスで上体は
まっすぐ、上を向く

ハムストリングに負荷が入りやすい。このとき、ただ上を向くだけでなく、骨盤をしっかりと立てて姿勢をよくすることが大事。

腕を上げてさらに
体を立てる

胸椎を丸めると内側広筋と大腿筋膜張筋に、上体をまっすぐにすると大腿筋膜張筋や臀部に、それぞれ負荷が入りやすい。写真のように手を上にかけることで体が伸び、骨盤が立ちやすくなるので、臀部に負荷をかけやすい。

ハックスクワット TARGET 大腿四頭筋

足を置く位置

動作中、常に同じ場所
に重心がかかる位置に
足を置く。

目線 下を向くような感じで行うと膝関節優位に動くので、内側広筋に負荷がかかり
やすい。目線をまっすぐにして行うと大腿直筋に負荷がかかりやすい。

●下を向いて行う

●目線をまっすぐに向ける

足を置く位置が上すぎる

足を置く位置が上すぎるとお尻が
丸まってシートから離れてしまい、腰
を痛めてしまう恐れがある。

足を置く位置が下すぎる

足を置く位置が下すぎると、かかとが
浮いて、つま先重心になりがち。

239

ルーマニアン
デッドリフト

> お尻を突き出すように
> 股関節から屈曲

構え

膝を軽く緩めることで、ハムストリングの力が抜ける。上半身はまっすぐにして余計な力は入れない。グリップは軽く握る程度。軽くあごを引きながらも、目線は鏡で自分の顔を見るようにまっすぐ前へ向ける。

お尻が伸びるところまで下げる

お尻を突き出すように股関節から屈曲していく。動作中に腹圧をかけて上体が丸まらないよう注意。バーを下げるというよりは、お尻が伸びるところまで下げるイメージ。バーを下げようとすると腰が丸まってしまう。

足幅 肩幅くらい。

スティフレッグド デッドリフト

| TARGET | ハムストリング |

ハムストリングを伸ばすようなイメージで動作

負担がかからない程度に膝裏を伸ばす。上半身はまっすぐにして余計な力は入れない。グリップは軽く握る程度。ハムストリングを伸ばすような感じで下げる。

足幅 腰幅くらい。

ライイング レッグカール

TARGET | ハムストリング |

股関節がニュートラルの状態で膝を屈曲

軽くアゴを引き、股関節は屈曲も伸展もせずまっすぐの状態にして膝を折り曲げる。ただし、太もも前面の中央くらいまではしっかりシートにつけておくこと。

構え

骨盤底筋群を働かせて、股関節をまっすぐにする（骨盤を立てる）。足首は軽度背屈位で、寝させすぎたり、背屈させすぎたりしない。

つま先の向き

つま先をまっすぐ下に向ける（①）ようにして行うと半腱様筋および半膜様筋に、外側に少し開くと（②）大腿二頭筋長頭に入りやすい。

お尻が浮かないように

膝を曲げたときにお尻がポコっと浮いてしまう人がいるが、それだとハムストリングには効きづらい。腰のコンディションが悪い人はそうなりやすいので、その場合にはシーテッドレッグカールを優先的に行うことを考える。

シーテッド
レッグカール

TARGET | ハムストリング |

構え

骨盤をしっかり立てて座る。視線はまっすぐ、下を向かないように。足関節は軽度背屈位にして、膝を曲げてくる。

NG

骨盤が丸まってしまうと、膝まわりにしか負荷が入らない。

242

レッグ
エクステンション

足の裏を
正面に向けるように

TARGET | 大腿四頭筋 |

股関節が屈曲するまで
脚を上げる

スタート姿勢では骨盤を立てて、股関節
が屈曲するくらいまでしっかり脚を上げ
る。足首は背屈させて、足の裏を正面に
向けるようにすることで、大腿四頭筋を
収縮させる。

目線

あまり下を向きすぎずに、
まっすぐ正面を見るか、軽
くアゴを引く程度にする。

胸椎を丸めて行う

バリエーションとして、意図的に下
を向いて胸椎を軽く丸めて行うこと
もある。膝関節が優位に動くので、
内側広筋などを狙いたいときはこち
らの方法がよい。

243

シーテッド カーフレイズ

TARGET | ヒラメ筋 |

目線はまっすぐ

足幅は肩幅。下を向かず、視線はまっすぐ前へ。骨盤を立てた状態でかかとを上下させる。しっかりとストレッチをかけ、母指球で踏み込んで収縮をかける。

スタンディングカーフレイズ

TARGET | 腓腹筋 |

ストレッチをかけた状態から収縮させる

NG

目線は下へ

おなかに力が入りやすいように軽く下を向く。写真のようにアゴが上がった状態では腹圧が抜けやすい。

足幅は腰幅。足の裏の力を抜いて、腓腹筋がしっかり伸びるところまでストレッチをかけたところから、母指球でしっかりと踏み込んで収縮させる。

Chapter:4

肩のトレーニング

鈴木 雅 × 木澤大祐

「カギは『いかに負荷をのせられるか』。豊富なバリエーションでしっかりやり込もう」

全身の比率でいえば、決して大きくはない肩だが、三角筋はフロント・サイド・リアをそれぞれ個別の筋肉と捉え、まんべんなく鍛えなければ、丸みが得られないパーツ。また、手首・肘・肩と3つの関節が関与するため、動作の難易度も高い。鈴木雅さんと木澤大祐さん、トップビルダーのお2人が考える肩トレのポイントとは?

サイドヘッドはボリュームが命

鈴木 木澤さんは肩のトレーニングについて、どう考えていますか?

木澤 もともとプレス系があまり好きではないので、レイズ系がメインです。プレス系は重量が伸びにくいこともあり、あまりやり込んだことがないんです。

鈴木 肩のプレス系をやる人って、意外にいるんですよね。昔は「肩はプレス系で網羅できる」といわれていましたが、実際にはできません。プレス系は肩関節が外旋した状態で挙上していくので、動くのはフロントになります。〝バック〟プレスだからといって、リアが鍛えられるわけではありません。拮抗して若干耐えることはあっても、刺激はほぼないに等しい。同じ三角筋でも、体のしくみとし

ては別として考えるべきです。

木澤 肩はフロント、サイド、リアをどの順番でやっても、重量は落ちないですよね。最初にもってきたからといって重たいものが持てるわけではないし、最後に回したところで重量は変わらない。それだけ、それぞれの関与度が低いということです。だから独立して鍛えることができるわけですが、裏を返せば、個別に強化しなければならず、おのずと種目数は増えます。

鈴木 それぞれをしっかりと鍛えることで、丸い肩がつくれます。あと、サイドは筋質が異なります。フロントとリアは紡錘筋ですが、サイドは多羽状筋。多羽状筋は羽状筋のなかでも筋線維が細かく、回数をこなさなければならない部分になるので、サイドは特に量をしっかりやる

「昔は『肩はプレス系で網羅できる』といわれていましたが、実際にはできません」（鈴木）

必要があります。そして強度も与えなければいけません。その点、羽状筋は高強度で行っても故障しにくいという特徴があります。

木澤 疲労からのリカバリーも早い。

鈴木 はい。強い刺激に耐えられる筋肉なので、トレーニングのボリュームが大きくなってもいいから、回数をこなしたりストレッチをかけたり、いろいろとやりたいパーツです。

実際、フロントやリアは10レップくらいでも効くのですが、サイドは10レップだと足りない気がしませんか？ 意外に15レップくらいがちょうどいい。少ないのも必要ですが、フロントやリアに比べるとサイドは回数が多いと、ちゃんとオールアウトできるのかなという感じがします。10レップ以下、特に5～6レップだと刺激を与えている感じがしないですよね。

木澤 何か物足りないな…というのが出てくるからこそ、本能的にドロップセットを活用したり、1セットに時間をかけたりするのでしょうね。私はレストポーズをよく使います。

鈴木 私はインターバルを短くするセットと、普通にやるセットを分けています。ツーハンドは基本25レップを上限にしていますね。30レップだとちょっと多くて、3セット目に10～15レップくらいでやるのがちょうどいいと考えています。仮に、1セット目に22レップやると、2セット目は16～17レップまで、3セット目はさらに12レップくらいまで落ち

る感じですね。インターバルは40秒くらいです。

木澤 その感覚は、よっぽど上級者じゃないとわからないのでは(笑)。でも本当に、15以上の回数がピタッとできなくなりますよね。普通、16回できたら17回目もできそうなものだと思うのですが、ピタッと止まって動かないんです。

鈴木 秒数の慣れなどもあるのでしょうね。

木澤 エネルギーが切れてしまうのもあるだろうと思います。重量を落としても、やっぱり15で止まってしまうんですから。

肩幅の広さが難易度を左右する

鈴木 肩のトレーニングが難しいのは、肩関節、肘関節、手関節と複数の関節が絡んでいるので、負荷を逃がそうと思えばいくらでも逃がせてしまう点にあります。特に僧帽筋や橈骨筋が強いため、グリップひとつや挙上の仕方にも左右されます。例えば、サイドレイズの動作を「挙上」といいますが、肩甲骨の動きは「上方回旋」になります。肩甲骨が挙上するとシュラッグになるので、僧帽筋が関与してしまう。ただ、サイドヘッドは肩関節の外転、要するに肩甲骨が上方回旋することで収縮・伸展しやすくなります。やはり動きを理解することが重要ですね。

肩幅が広い人や鎖骨の長い人は動きが縦ではなく、すべて横にいきます。ということは、三角筋が非常に可動しやすい。

けれども肩が下がっている人は、肩甲骨が挙上しながら動きやすく、僧帽筋がつきやすいといえます。私は後者で、なで肩です。

木澤 私も典型的ななで肩で、昔はやはり僧帽筋に入っていました。今はレイズ系で僧帽筋に入ることはなくなりましたがトレーニング初心者の人だと僧帽筋が関与してしまうケースは多いと思います。

鈴木 挙げたときに、前腕の橈骨筋が働くこともありますよね。

木澤 女性によく見られるのですが、肘よりも先に手首が上がってしまいます。それではサイドには効きづらい。

鈴木 木澤さんだと、ワンハンドのほうが効きやすいのではないですか？

木澤 ワンハンド、大好きですね。

鈴木 私もワンハンドでやっています。これは意識というよりも体の使い方の問題で、ツーハンドだと支点がまんなかにくるので、体の動きは肩甲骨の挙上になります。一方で、ワンハンドだと肩が支点になるので、肩甲骨が下がった状態で動作でき、三角筋が可動しやすいのです。

木澤 ただし、ワンハンドは体のまんなかに軸がないので、フォームが乱れやすいという難点もあります。センスを問われますね。すぐにできるようになる人もいれば、いつまでたってもできない人もいますから。

鈴木 確かに。インクラインのようにベンチに体を預けて行うのであればよいですが、スタンディングだと体幹から動きやすいというのもあります。右でやるときは右肩に支点がないといけないのですが、左脚に重心をのせてしまうことで、軸がずれてしまう。

木澤 ただ、パワーを発揮するためには、スタートで一瞬左側に重心を傾ける必要がある。でも、それがそのまま残ってしまうと肩に入らない。上手な人は反動で一瞬だけ重心をずらすことができるのですが、難しいのですよね。

鈴木 それはツーハンドも同様で、トレーニング勘のある人は、反動を用いたサイドレイズをやるときに、アップライトロウ気味に縦に動くのですが、それでもきちんと三角筋に入れることができます。上でスコンと抜けることなく、負荷を受け止めるのです。

　三角筋や背中のトレーニングに関しては、骨盤底筋で骨盤を引き上げて肋骨も締めないと効きません。肋骨が開いたままだと負荷が抜けてしまいがちです。また、ボディビルダーの方に多いのですが、脚が強いために下半身で重心をとり、三角筋が使えずに僧帽筋を使ってしまうケースも少なくない。体の使い方がうまい人はセンスがあるといえますし、仮にそうでなくても、こういった知識を獲得し、理解できれば、できるようになります。

木澤 ボディビルダーで肩にインパクトのある人というとあまりいないですよね。

鈴木 けれどもボディビルの場合、肩がよくないとリラックスのときに目立ちません。世界選手権でそのことを痛感して、肩の高さをつけるトレーニングを意識的にしたこともありました。あと、肩と腕のセパレーション。境界がえぐれていたほうが、舞台映えします。その点も意識しながらボディメイクするといいと思います。一番はストレッチ種目で負荷をかけることでしょうか。三角筋と上腕筋の境目なので、上腕二頭筋、上腕三頭筋が

きちんと刺激できていないと、セパレートしてきません。三角筋の停止部はフロントもサイドもリアも、すべて上腕骨粗面といって、上腕骨の中央辺りかそれよりもやや上になります。そのため、上腕骨に付着する筋肉を鍛えないことには、なかなか刺激できないのです。

　丸みのある肩をつくるためには、フロント、サイド、リアをまんべんなく、というのはもちろんですが、収縮ポイントできちんと力が入るかどうか、だと思います。特にサイドレイズは、惰性になりやすい。要は惰性が働きやすいので、ただ挙げるだけでなく、挙げて受け止めることが必要です。ポイントは収縮時にアゴを引くことと、腹圧をかけること。腹圧がかけられている人は、自然にアゴを軽く引くはずです。

木澤　あとは重心でも受けられますよね。地面で反発させるけれども、最後に膝で受ける。初心者の方はあまり脚を使わない傾向にあります。棒立ちになって丁寧に腕を動かしているのですが、それでは強度が出せません。

実はツラい！種目数が増えてしまう肩トレ

鈴木　サイドレイズは、一番ポジティブ動作が丁寧にできない種目です。遠心力がかかってトルクが外に行くので、前腕に効いてしまうんですよね。

木澤　ゆっくり動かすところと速く動かすところを明確にするといいと思います。私の場合、ネガティブではできるだけゆっくり動作して、負荷をのせるようにしています。

鈴木　軌道を間違えてしまうと本当に入らないですし。

木澤　そこは動画を撮るとよくわかると思います。効かせたいところが上を向いていないとダメなのですが、サイドを狙いたいときに上体が倒れているとリア寄りになりますし、上を向きすぎているとフロント寄りになってしまいます。

　私は、肩はとにかく密度感を出したいのでボリュームをつくりたい。かといって、ボディビルダーはフィジーク選手のように肩を週2～3で回すようなことはないので、1回のなかでどれだけ刺激を入れるかというところで、ターゲットがかぶっていても種目数を増やして、レップや可動域でバリエーションをつけます。何気に結構疲れるパーツなんですよね。

鈴木　とにかく攻め込まなければいけない部位ですからね。

木澤　あとは、どうしても近くに挙げるレイズが嫌い。「遠くへ、遠くへ」というイメージで動作しないと、すぐに肩甲骨が動いて僧帽筋に入ってしまうからです。そのため、肘を曲げてやる重いサイドレイズはやりません。遠くへ挙げられる重量で行います。

鈴木　肩甲骨の位置が内側にある人は、僧帽筋が関与しやすいですよね。ボディビルダーであれば、バックのリラックスポーズを見るとわかります。私は肩甲骨が変な位置についているんですよ。もともと肩甲骨が小さいのもありますが、癖

「サイドレイズはゆっくり動かすところと速く動かすところを明確にするといいと思います」（木澤）

のあるトレーニングで広がってしまいました。本来ならば一番いいのは肩甲骨の位置をコントロールできることですよね。

木澤 外側をやりすぎるとまんなかのラインが薄くなってしまうのでしょうね。私もそうですが、逆に肩甲骨の間が狭いと、モコモコとした厚みのある上背はつくりやすいと思います。

鈴木 得意な動きで重さを持てるとか、その逆で、重さが持てないとかが出てくるのではないかと思います。やはり、体つきによって得意・不得意は出てきますよね。

木澤 リアは肩甲骨が動きやすいので、背中に入ってしまうことがあります。加えて、強度がつくりにくいので、どうしても丁寧にやることになる。それゆえ、バチッと入らない部位ではあります。

鈴木 リアは神経伝達が大事です。背中の大円筋や広背筋の広がりがつきづらい人は、リアもつきづらい傾向にあるといえます。

木澤 それもトレーニング上級者になってくると、マッスルコントロールだけでリアに入るようになりますよね。バーベルを持って、少し前傾して肘を回すだけで入ります。

鈴木 最近、呼吸を勉強し直したら、苦手だったものがすごくできるようになりました。リアもその１つで、私は肋骨が開いてきたことで、息を吸うのは問題ないのですが、吐くのがキツく、それが肩甲骨の動きや腹圧のかけ方に影響していたんです。そのせいでリアがやりづらかったのですが、今はリアがやりやすくなりました。肋骨のコントロールの重要性を実感しています。それだけでなく、サイドレイズも肋骨が開かなくなったことで、上でちゃんと受けられるようになっています。

　木澤さんは、インナーマッスルについては何か取り組みますか？

木澤 ケガが少ないので、インナーマッスルに関しては特に何もしていません。ただ、インナーを痛めると、肩というよりは腕の効きが悪くなります。肩甲骨が固められなくなるので、力もうまく入らない。

鈴木 収縮位で上腕二頭筋が抜けますよね。私は以前に腱板損傷をしたこともあって、インナーはやっています。といっても、普通のトレーニングではないですね。一般的にいわれているインナーマッスルのトレーニングは、強化にはならないと私は考えています。基本的に、重さに耐えられるかといえば、耐えられないので、動きでつくっていくしかありません。インナーマッスルが弱い人は、そもそもとして動きが悪い。骨の位置や動作を意識することが大事だと思います。

肩トレの極意

一、同じ三角筋でもフロント・サイド・リアは別物。
　　特に筋質の異なるサイドは量をこなすべし。

一、丸みのある肩をつくるには、収縮ポイントで
　　力を入れられるかどうかがカギ。

一、密度感を出すなら種目数を増やし、
　　レップや可動域でバリエーションをつけよう。

フロントレイズ

構え

上体はやや前傾。足幅は開きすぎず、腰幅くらいにして母指球に重心をかける。

基本動作

床に対して腕が垂直の位置から肘を前に引き出す。腕を上げたらアゴを引くことで収縮感を強める。上体の前傾をキープするため、腹圧をかけられる姿勢にすること。手首は若干折るが、腕はできるだけまっすぐにして肘を曲げない。

250

●初動時狙い　　　●中間（筋腹のまんなか）狙い　　　●収縮狙い

**ダンベルの
角度と狙い**

狙いによってダンベルの角度は変わる。初動時に負荷をかけたい場合は
ダンベルを縦に、中間位で負荷をかけたい場合は斜め（ハの字）に、収縮
時で負荷をかけたい場合は横に持つ。ただし動作中にひねるのは、手首
や肩関節まわりに負担がかかるので避けること。

**バリエーション：
ケーブル
フロントレイズ**

足幅は腰幅程度。上体を前傾し、それをキープするために腹圧を
締める。戻ったときに、収縮に向かって加速させ、実際には止めな
いが、上で「ギュッ」と止めるようなイメージで行い、収縮を意識す
る。そのため、重量設定はやや軽めがよい。

フロントプレス

膝とつま先は
まっすぐ正面を向ける

構え

上体は、まっすぐだと僧帽筋に入るため、ベンチのシートを少しだけ後ろへ倒すか、ミリタリーベンチを用いて上方を見るようにする。ただし、倒しすぎてしまうと大胸筋上部のトレーニングになるので注意。手幅は、肩幅よりもこぶし1つ分ずつ広めにとる。膝とつま先はまっすぐ正面を向ける。そうすることで体が開かなくなる。

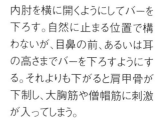

バーを下ろす高さ

内肘を横に開くようにしてバーを下ろす。自然に止まる位置で構わないが、目鼻の前、あるいは耳の高さまでバーを下ろすようにする。それよりも下がると肩甲骨が下制し、大胸筋や僧帽筋に刺激が入ってしまう。

バリエーション:
肩の前のストレッチ

サムレスグリップにすると肘が閉じやすくなり、肩甲骨が寄りづらくなって、肩にストレッチがかかる格好となる。肩を軽くすぼめ、肘をたたむようにしてバーを下ろす。つま先と膝が外へ開きすぎないように注意。

アップライトロウ

TARGET | 三角筋側部 |

構え

足幅は肩幅と腰幅の間。手のひらのまんなかでバーをしっかりホールドし、上腕をやや内旋させる。手首は返さずにまっすぐな状態をつくる。そうすることで三角筋側部に負荷がのる感覚が得られる。

基本動作

なるべく肘から挙上していく。初動時は軽くチーティングを使ったほうがよい。収縮位でしっかり負荷をのせること。

バリエーション:ナローグリップ

ワイドグリップでは肩甲骨が外転し、三角筋側部に刺激が入るが、ナローグリップにすると肩甲骨の挙上が強くなり、僧帽筋が関与しやすい。僧帽筋が関与した上で行いたい人はナローグリップでもOK。

サイドレイズ

TARGET | 三角筋側部 |

停止部付近を狙う

初動、すなわちストレッチポジションで負荷をかける。背中はまっすぐ伸ばして、前傾させない。肘も伸ばしておく。手のひらのまんなかでしっかりとダンベルを握り、手首をやや入れて（掌屈）、そのまま真横へ上げていく。上げたときにはアゴを軽く引き、戻したときは首を伸ばしてまっすぐにする。

腕の軌道

手首をやや折って、まっすぐ上げていく。手首が返らないように注意。

⭕ グリップ

握りが重要で、手のひらのまんなかでしっかりと握ると、
小指、薬指、中指の握りとなる。

❌

指の腹にのっている。

バリエーション:
側部の高さを
ターゲットとする

足幅は腰幅から肩幅。手首は軽く屈曲させて、肘をやや前に出すように上腕を軽く内旋。上体はほんの少し前傾させる。なるべく肘が体から遠い位置を通るイメージで、肘から上げる。上げたときにアゴを引く。

ライイングサイド
レイズ

TARGET ｜ **三角筋側部** ｜

ボトムでダンベルを
弾ませない

基本動作

基本的にはトップポジションからがスタート。下ろしてきたら、ボトムでしっかり止めてから、また上げる。ボトムでダンベルを弾ませないこと。動作はシンプルだが、動作中にどれだけ重さをのせられるかが重要。手首が折れないようにし、肘もできるだけまっすぐにできると、より簡単に負荷をのせやすい。

シートの角度

45度くらい。寝かせすぎてしまうと、ストレッチ感は強いが、負荷がのりすぎて肩を痛めやすいので注意する。

効かせたい部位を真上に向ける

手の甲が上を向くことも大事だが、自分の効かせたいところが真上を向いていることが大事。鏡のある場所であれば肩が見えるので、見て確認するとよい。

ボトムで息を吸う

ボトムで息を吸うことで肩が上がるので、ストレッチで負荷がのせられる。

足でしっかり踏ん張る

256

マシンサイドレイズ

TARGET | 三角筋側部 |

構え

鍛えたい肩と逆のお尻に重心をのせる（写真の場合、重心は右臀部）。グリップを握らずに行う人も多いが、小指側で握るようにすることで、収縮感が強くなる。脚の力を使うため、あえてシートに座らない。

基本動作

重心ののったほうの脚（写真の場合、右脚）で床を蹴りながら上げる。戻してきたところで負荷が抜けないように、負荷がかかるギリギリのところで止めて再び上げていく。

呼吸

「イチ、ニィ、サン」の「サン」のタイミングで息を吸うことで、外側に押し込め、ストレッチの負荷がのりやすい。

動作のリズム

上げるときは速く、下ろすときはゆっくり。「イチ」で挙げて「ニィ、サン」で下ろすイメージ。

❌ 腰（臀部）がついていっている

最終局面で骨盤から鍛えたいほうの肘がどれだけ離れるかが重要であるため、腰がついていかないように注意。

257

ケーブルサイド
レイズ

TARGET | 三角筋側部 |

構え

右肩を行う場合は右に、左肩を行う場合は
左の股関節に重心を置く。肩関節は体の
横に位置し内旋しないようにして、肘を横
に張り出す。手のひらのまんなかで全体的
にしっかりと握る。手首は返さないこと。

基本動作

構えの位置から、そのまま
ストレッチさせ、肘の軌道
が小さくならないようにな
るべく円軌道を描いてい
く（肘を外に上げるような
イメージで行う）。肘と手
首の角度は大きく変えな
い。上げ切ったときには
肘が前腕より上にくるよ
うに。

ダンベルリアレイズ

TARGET | 三角筋後部 |

> 胸椎が床と平行に
> なることが重要

構え

足幅は肩幅と腰幅の間。しゃがむ
のではなく、腰高の状態で上体を
前傾させる。腰高のほうが肩は動き
やすい。背中全体というよりは、胸
椎が床と平行になることが重要。
小指側でダンベルを握る。

基本動作

肘を横に張り出す。

しゃがまない

マシンリアレイズ

TARGET | 三角筋後部 |

> 後ろに引くのではなく、
> 外に上げるイメージ

構え

足幅は肩幅と腰幅の間。腕が床と平行にな
るようにする。小指側でしっかりと握り、手首
は返さない。

基本動作

上体を丸めずに、鎖骨から肩関節を横に引き
延ばすようにやや引き出したところからスター
ト。後ろに引くのではなく、外に上げるイメー
ジ。戻すときも同じ軌道を通るようにする。

グリップ

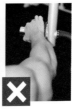

親指側で握らずに、
中指まで使ってしっか
り握る。

マシンリアロウイング

上体を丸めた姿勢で
引き、戻すときに反る

TARGET | 三角筋後部 |

基本動作

上体を丸めた姿勢で引き、戻すときに反る。ハンマーストレングスのマシンは終動負荷のため、初動で引いてしまうと収縮感があまり得られない。平行になったときに最も負荷がかかるため、そこで受け止めるようにする。

構え 胸を張ると背中に効いてしまうので、上体は丸める。グリップも、背中の場合は引っ掛ける感じだが、肩に効かせる場合は強めに握り、腕にも力を入れることで肩へつなげていく。

引いたときに胸を張ると背中に効いてしまう。上体は丸める

ショルダーシュラッグ

首はすくめない!

TARGET | 僧帽筋上部 |

構え

足幅は腰幅くらい。肩を軽くすぼめて楽にする。このときに腹圧がかかっていないと腰を痛めやすいので、腹圧をかけられる状態にすること。重心はなるべく前かがみにならないよう、まっすぐ立つ。ダンベルを持つグリップはサムアラウンド。

基本動作

耳元に向かって上げていく。首をすくめるのではなく、少し前を向く感じで上げると、僧帽筋が収縮しやすい。首をすくめると負荷が抜けてしまう。

 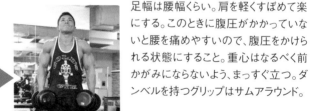

Chapter:5

腕のトレーニング

DISCUSSION

加藤直之 × 鈴木 雅

「太い腕はトレーニーの憧れ。ルーティンに注意し、疲労を残さないこと」

人の目につきやすいため、太くてたくましい腕は、やはり迫力がある。また、ボディビルダーにおいて、腕の太さは絶対条件と鈴木雅さん。胸や背中のトレーニングでも使われるため、疲労やケガに細心の注意を払う必要のある腕トレの極意を、鈴木さんと加藤直之さんが語り合った。

胸や背中でも使われるため
やりすぎには要注意

鈴木 胸や背中の外側に位置しているのが腕。ですから個人的には、ボディビル的にいうと腕は「アウトラインのアウトライン」になると考えています。腕が重量感を演出し、見映えを左右するのです。露出することが多くて、しっかり鍛えられていると迫力がある。だからこそ、トレーニーであれば発達させたい部位だと思います。

また、腕は胸や背中のトレーニングの補助をします。腕が疲労することで潰れてしまうことも少なくありません。もちろん、胸や背中のトレーニングで腕が主働筋になってはダメですが、補助役としての強化は重要です。加藤さんはまさに、腕を補助役と捉えているのではないかと推測していますが…、いかがですか？

加藤 おっしゃる通りです（笑）。胸や背中のトレーニングでも腕を使うという意識があるので、腕単体はどうしても後回しにしがちな部位です。

加えて、肘に関節ねずみ（関節表面から剥がれ落ちた関節軟骨や小骨片のこと。関節遊離体）があり、一時期は腕のトレーニングができていませんでした。久しぶりに腕のトレーニングをして、特に上腕三頭筋（以下、三頭）では、長頭がストレッチされるフレンチプレスなどをやり込んでみたのですが、発達した感じがありました。

その一方で、痛みがぶり返し、さらには肩まで痛くなる…という負の連鎖も経験しました。補助的な役割とはいえ、胸

や背中のトレーニングでも少なからず使うので、やりすぎはよくないと身をもって痛感しましたね。

鈴木　その考えは私も一緒です。腕はトレーニングしすぎると、上腕二頭筋（以下、二頭）の長頭腱を痛めやすかったり、上腕筋に強い痛みが現れたりします。それが結局、あらゆる種目に支障を来してしまいます。毎年悩むところなのですが、トレーニングのルーティンをうまく回してボリュームが増えてくると、減量末期でどうしても痛みが出てしまいます。そのため、この数年はやりすぎないこと、短時間でしっかり追い込むことを心がけています。その1つとして、腕の日は設けながらも、腕に過剰な負担のかからない回し方を意識してトレーニングサイクルを組んでいます。

　例えばあるときは「背中」「肩・三頭」「脚」「胸・二頭」「オフ」の4分割で回していました。「背中」「肩・三頭」の組み合わせだと、使う筋肉があまり重複しないので、三頭がいい状態でトレーニングできます。また、胸・二頭との間に脚を挟むことで、三頭がしっかり回復した状態で胸の日を迎えられます。そしてオフを挟み、また背中が回ってくるというわけですね。

　胸の種目で三頭を、背中の種目では二頭を補助筋として使うので、胸と三頭、背中と二頭を組み合わせるケースもあると思います。しかしながら、胸の種目で既に三頭を使っているので、その後に三頭の種目をやろうとしても疲労で力が出せません。ですから、二頭に対しては背中を三頭であれば胸を、前後あるいは同日にはもってこず、できるだけ離すよう

に意識していました。

加藤　腕の日を設けたときは、「胸」「背中」「肩」「脚」「腕」「オフ」というような形で回していました。ただ、腕だけだとどうしても物足りなさがあるので、腕の日にBIG3から1種目入れていました。それでトレーニングの成果を狙おうというのではなく、純粋にBIG3が好きなだけなのですが、腕の日の最初にもってくることで、その日のトレーニングにある程度のボリュームをもたせる形です。

鈴木　エクササイズの配列の基本として、大筋群から小筋群の順に行うというのはありますからね。それに全体的な筋力レベルを上げることで、重量を軽く感じることができます。私は一時期、正しいフォームでベンチプレスをやろうとすると重たいものがなかなか持てなかったので、高重量を持てるスクワットを挟んでいたことがありました。200kgくらいのスクワットを担いだ後にベンチプレスをやると、すごく軽く感じるんです。異なる部位の種目ですが、神経系のレベルを上げるため、意図的に実施していました。

　特に腕の種目は神経伝達の部分で、そのときの調子次第で重く感じたり、軽く感じたりするものです。そういう意味では、加藤さんのような方法はアリだと思います。むしろ私もやってみようかな、という気になりますね。

効率のよい腕トレの組み方とは

鈴木　腕のトレーニングは、二頭と三頭をひっくるめて腕の日とすることもあれば、先ほどお話ししたように二頭と三頭に分け、胸や背中、肩などと組み合わせることもあります。

「腕は補助的な役割とはいえ、胸や背中のトレーニングでも少なからず使うので、やりすぎはよくない」(加藤)

トレーニング初心者の方は、早く回したほうがいいと思います。週1回よりも週2回やったほうが、運動神経は上がるからです。神経レベルが発達していくことで「効きやすい」という感覚も出てきますから、分割の方法は1つではないほうがいいでしょう。4分割にすることもあれば、時には3分割くらいで、刺激自体はマイルドながらもサイクルを早く回すのがオススメです。

ただし冒頭でもお伝えしたように、胸で三頭を、背中で二頭をある程度刺激できていますから、上級者の方、しっかりとしたテクニックを有している方、トレーニングが効きやすい方の場合には、週に1度回ってくるような形でよいと思います。「腕を太くするためには、週2回くらいやったほうがいいのでしょうか?」という質問を受けることもあるのですが、週2回やることで、ものすごく腕が発達したという例は、あまり見たことがないというのが実際です。

加藤 私の印象だと、鈴木さんは昔から腕が太いイメージがあります。

鈴木 でも、特に二頭はなかなか効かせられず、昔は二頭が弱点だと指摘されていました。二頭のピークが出るようになったのは最近のことです。一方で三頭は、肘に痛みがあって今はなかなか強度の高い種目ができないのですが、そこそこ重たいものを持ってきたのがよかったように思います。思えば、当初から効率のよい組み方をしていました。ミッドレンジ・ストレッチ・コントラクトで分ける

POFも、今はマシンが充実しているので有効的に行えます。

例えばバーベルカールだと、肘の屈曲が90〜110度くらいのところが最もきつくなり、それ以上曲げると負荷は抜けます。つまり全体的なサイズはつくれども、ピークの部分にはもってこられないのです。これがカムのついたマシンだと最後に、ケーブルであれば初動でギューッと収縮をかけられますし、インクラインカールでストレッチをかけられます。

三頭も同様ですよね。若い頃はクローズベンチやディップスのような高重量を扱えるものと、フレンチプレスやライングエクステンションといったストレッチ種目、そしてプレスダウンなどの収縮種目をよく組み合わせていました。感覚はとてもよかったです。

加藤 腕は、POFできれいにまとまる感じですか?

鈴木 そうですね。二頭も三頭も、1つの関節だけまたいでいるところと、2つの関節をまたいでいるところがあります。例えば二関節筋である三頭の長頭なら、肩甲骨の関節下結節から肘頭までついているので、肘を曲げて脇を開けたほうが伸びます。けれども、ワンハンドで行うと肩甲骨が動くので、負荷が逃げてしまいがちです。ツーハンドだと肩甲骨が動かないので、起始部が動かないことから、私はずっとツーハンドでやっていました。

加藤 なるほど。私はもともとツーハンドでしかやらないのですが、それでよかったということですね。

「握り方は非常に大事。ストレートバーでもEZバーでも、握り方次第で効かせるポイントに変化をつけることが可能です」（鈴木）

鈴木 ちなみに、肘の痛み対策としてエルボースリーブなどのギアを活用していた時期もありましたが、腕のサイズは小さくなってしまいました。

加藤 使わないほうがいいですか？

鈴木 痛みがある場合には仕方ないですが、使わないほうがいいです。私の場合は三頭の外側頭がものすごく細くなってしまいました。

ギアに関していえば、バーベルカールでもリストラップやパワーグリップをあまり使わないほうがいいですね。肩もそうですが、腕は持てる重量でやると効きやすいからです。例えば、カールで重りを持ったときに、グリップの力が抜ければ二頭の力も抜けますし、グッと握られれば二頭の力も入ります。握る動作が重要なのですね。

これがチーティングで重たいものをやるときには、握ろうと思っても握れません。昔、バーベルカールを110kgくらいでやっていた時期があるのですが、クリーンみたいにストレートバーを振り回していましたね。でも、プリーチャーカールを丁寧にやると35kgしかできない、みたいな（笑）。

加藤 振り回してでも重たいものを持ったことは、プラスに働きましたか？

鈴木 全身の力がつきました。相対的な筋力はついてくるので、よかったとは思います。重量は、あまりアテにはならないものの、1つの指標にはなります。少し前まではカールを70〜80kgでやっていた頃もありました。今は60kg台です

が、それでも今のほうが二頭のサイズはいいです。かといって、40kgでやっていればサイズはつきません。

自分に見合った重量で、筋肉にきちんと負荷が与えられる重量でやることも大事です。きちんと握れて、全力でやって挙げられるくらいの重量ですね。鏡を見ながらできるような重量では、明らかに軽いといえます。

グリップを意識して鍛え分ける

加藤 鈴木さんといえば、グリップの意識だと思います。肘屈曲でいえば二頭の長頭と短頭、上腕筋といったところになると思うのですが、握り分けはしていますか？

鈴木 しています。握り方は非常に大事で、ストレートバーでもEZバーでも、握り方次第で効かせるポイントに変化をつけることが可能です。それには親指の作用が強く関係しています。親指を外すと手首が返ってしまうので、上腕筋や橈骨筋が主体になります。そのため親指を入れた状態で、さらに親指を握るのか、少し力を入れるのか、軽く外すのかといった調整で変化をつけられます。親指を少し抜いた状態でアームカールをやると短頭に、親指をグッと握ると長頭に入りますね。

加藤 親指を少し抜くか、握るか。本当にそのくらいの違いなんですね。短頭に効かせるからといって、回外させるようなことはしないですか？

鈴木 前腕の回内や回外を無理に入れる

ようなことはしません。回内・回外でコントロールしようとすると、かえって収縮しづらい人もいますから、回内・回外は自然にして、グリップでコントロールするのがよいと思います。

三頭も一緒で、バーののせ方でほぼ決まります。例えばプレスダウンなら手のひらの中央、手相占いでいうと頭脳（知能）線のあたりにバーを当てて、上からかぶせます。これが横指1本分ほど指側にずれるだけで、負荷が逃げるだけでなく、手首への負担も強くなります。また、三頭でバーを握ってしまうと手首の柔軟性が失われて、外側頭ばかり使うことになります。

手首の作用は大切です。例えばクローズベンチプレスも、手首がまっすぐの状態だと胸や肩に効くことになります。手首を返して肘をたたんだほうが、三頭には効きやすい。また、このときにストレートバーだからといって、まっすぐに持とうとすると、肩が開きます。そうではなく、自分から見て両手が「逆ハの字」になるようにすると、肘が屈曲しやすくなります。バーに握りを合わせてしまいがちなのですが、動きに合わせたほうがよいのです。

加藤　三頭の外側頭は、プッシュ動作で結構使われると思うのですが、あえて外側を狙うことはありますか？

鈴木　外側頭はないですね。長頭狙いです。プレスダウンも、私は長頭狙いで行いますが、真下に押せば外側頭に入りますし、体の方向に入れ込めば長頭に入ります。あとはアタッチメントをストレートバーにすることで、外側頭に入れるのはアリだと思います。手首が硬いとスタートポジションでストレッチがかけづらいのはありますが。

加藤　あえて外側頭を狙うなら…？

鈴木　何にしてもバーをグッと押すような形で行うと、外側頭には入りやすいですね。握力が強い人は、外側頭がよく発達している人が多いです。そして前腕や橈骨筋が弱い人は、力が抜けてしまうので長頭の強い人が多い。そういう意味では、前腕のコントロールも大事ですね。瞬間的には握ったり力を入れたりしますが、その間の過程では、ちょっと緩ませることも必要といえるかもしれません。

加藤　なるほど。肘を痛めた経験があるので、最近はそういったことも意識しながら取り組んではいるのですが、結構、惰性でやってしまうこともあって…。

鈴木　惰性でもいいんですよ。自分にとっていい感覚でできる部分がありますから。必要以上に意識が強くなってしまうと、かえってわからなくなってしまうこともあります。

腕トレの極意

一、オーバートレーニングによる痛みやケガは、あらゆる種目に支障を来すことを念頭に置く。

一、鍛え分けのカギとなる「単関節筋か、二関節筋か」は必ず理解すべし。

一、自分に見合った重量で、筋肉にきちんと負荷が与えられる重量でやることが大事!

バーベルカール

TARGET | 上腕二頭筋、上腕筋、橈骨筋

構え

足幅は腰幅で、つま先は股関節が開かないようにまっすぐ前に向ける。軽く肩を落としてすぼめる。目線は斜め下へ。目線を上げて鏡を見ながら行うと、肩が開いてしまい上腕筋に入る。

基本動作

軽くアゴを引いてバーベルを上げ、同じ軌道で元に戻す。肘は上腕二頭筋を支点として動いていれば、前後しても構わない。ただし、故意に肩を上げたり、前に出したりしないようにする。

EZバーの持ち方

持ち方が重要。持ち方で負荷ののり方がほぼ決まる。手のひらのまんなかにのせるイメージ。

バリエーション① : ストレートバーで行う

ストレートバーを用いたバーベルカールは、橈骨筋の働きが弱くなり、初動時に前腕や手首に負担がかかったり、肩が開いたりする。上腕二頭筋短頭に効きやすいのはあるが、より

丁寧な動作が必要。ワイドグリップで肘を閉じると、上腕二頭筋短頭に効きやすいといわれるが、そもそもその動きをできる人が少ないので、個人差があることは覚えておきたい。

バリエーション② : マシンアームカール

カムで動くマシンの特徴として、収縮ポイントまで負荷が抜けないこと。上腕二頭筋のピークづくりにはよい。そのため、収縮でしっかりと力を入れたい。スタート位置から上腕筋の惰性で挙げてしまいやすいので、上腕二頭筋で引っ張ってくるような形で挙げる。支点は上腕三頭筋近位。手のひらでしっかりとグリップを握り、親指は楽にする。

※写真はストライブだが、ノーチラスのように肩関節が屈曲状態にある（上からカールしてくる）マシンは、より収縮しやすい。

インクラインカール

ダンベルは「逆ハの字」に持つ

TARGET | 上腕二頭筋、上腕筋、橈骨筋 |

構え

インクラインベンチに座り、膝を閉じる。目線をまっすぐ前に向けると、肋骨を軽く締めることができる。肋骨を締められないと上腕筋に入ってしまう。ダンベルが「逆ハの字」になるようにセットすることで、上腕二頭筋短頭に効かせられる。

基本動作

肘は固定せず、自然に上腕二頭筋を使うつもりで挙げる。あごを引き、動作のなかで前腕を回外させて小指が上にくるようにする。

バリエーション:足をベンチにのせる

足をベンチの上にのせると股関節の屈曲が強まり、上腕二頭筋が収縮しやすくなる。床に足をしっかりつけたほうが上腕二頭筋はストレッチされるが、長頭腱に負担がかかる。また、動作の切り返しのタイミングで上腕二頭筋の負荷が抜けて上腕筋に入りやすい。上腕二頭筋短頭を狙うならば、こちらのほうがオススメ。

プリチャーカール

TARGET | 上腕二頭筋、上腕筋 |

上腕二頭筋狙い

プリチャーカールベンチに深く入って、膝を閉じるくらいに足幅を狭める。パッドにつけた上腕三頭筋を支点にして挙げていく。最大収縮位では肘がパッドから浮いても構わない。

上腕筋狙い

足幅を広げると肩が開くので、肘が支点になり、上腕筋に入る。

バリエーション:
スパイダーカール
（スコットカール）

プリチャーカールベンチのパッドを反対に向け、中腰かつ前のめりになって動作する。上腕三頭筋の付け根が支点となり、上腕二頭筋に効きやすく前腕には効きにくい。上腕二頭筋のピークづくりに向いている。

269

ハンマーカール

足幅によって
狙う箇所が変化

TARGET | 上腕筋、橈骨筋 |

上腕筋狙い

足幅は肩幅で、軽く肩を開いて
行う。全体的にしっかりとダンベ
ルを握ったほうが、上腕筋に入り
やすい。

橈骨筋
～上腕二頭筋長頭狙い

足幅を腰幅に狭めて、肩を軽く
すぼめて行うことで、橈骨筋から
上腕二頭筋長頭にかけて負荷
がかかる。

バリエーション:
ケーブルマシンで行う

ケーブルマシンのロープのアタッ
チメントだと、後ろに肘が引けな
いため、肩をすぼめる格好にな
り、橈骨筋と上腕二頭筋長頭に
入りやすい。足幅は腰幅。

ケーブルプレスダウン

TARGET | 上腕三頭筋 |

持ち方

手のひらのまんなか、力を抜いても重さがかかるポジション。

構え方

足を開きすぎると収縮はしやすいが、肩が開いてストレッチが逃げる。逆に足を閉じると、ストレッチはかかるが押しにくい。そのため、足幅は肩幅と腰幅の間くらい。

基本動作

肘が鋭角に曲がった状態から押す。真下に押すと（①）上腕三頭筋外側頭に入り、太ももに当たるくらい自分のほうにエクステンションさせると（②）上腕三頭筋長頭に入る。より外側頭を狙いたいのであれば、ストレートバーを用いるのでもよい。

クローズグリップベンチプレス

持ち方 | バーベルを最も下ろした（肘を折り曲げた）状態のときに自然なポジションで持つ。自分から見たときに両手が「逆ハの字」になるくらいがよい。手首は立てずに軽く寝かせて、手のひらのまんなか〜外側で、サムレスでグリップすると肘が屈曲しやすく、上腕三頭筋がストレッチされる。バーベルは下ろせるところまででよく、無理に胸につける必要はない。

足を床につける | 足を床につけると、股関節が伸張動作になり、肩が動きやすくなる。収縮が少し強くなる。

バーベルは
無理に胸につける必要はない

足をベンチにのせる

足をベンチにのせると股関節が屈曲するので、自然とストレッチがかかる。ただし、足を地面についたほうが挙げやすさはある。肩甲骨は寄せない。

足を上げる

ストレッチを重視する場合は、骨盤をやや後傾させ、足を上げて行う。さらに股関節の屈曲が強まる。上げた足は組んでも構わない。このときも肩甲骨は寄せない。

ライイングエクステンション

持ち方

サムレスグリップで、手のひら
のまんなかにのせる。手首が
動いても力が抜けにくい。

脚の使い方

クローズグリップと同様、足を床
についた状態（①）では収縮が
強く外側頭重視に。足をベンチ
にのせる（②）とストレッチ、足を
上げる（③）とさらにストレッチをか
けることができる。

274

基本動作

肘を締めるというよりは少し肩をすぼめる形で、肩の伸展と肘の屈曲を行う。

NG

解剖学上、肩の伸展と肘の屈曲を伴うと上腕三頭筋がストレッチするが、上げる位置が上すぎると、力学的に前腕と広背筋に入ってしまう。

275

ダンベルフレンチプレス

TARGET | 上腕三頭筋 |

基本動作

肘が肩より前に出ないようにして、肘を屈曲・伸展させる。シーテッドだと股関節が屈曲することにより、肩が開きにくく上腕三頭筋長頭がストレッチしやすい。

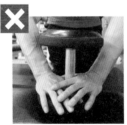

持ち方

手を縦にして持ったほうが、肩が開きにくく、肘が閉じやすいため、上腕三頭筋長頭に入りやすい。手がハの字になると肩が開きやすく、肘が閉じにくい。

立って行うと…

スタンディングで行うと、肩が開きやすいので注意。

276

ワンハンドフレンチプレス

肘は
開かないように
注意

TARGET | 上腕三頭筋 |

肩をすぼめる

肩をすぼめると肩甲骨が外転して動かなくなり、上腕三頭筋長頭に入る。

NG

肘を開いて肩関
節を伸展させる
と、負荷は逃げて
しまう。

ディップス

軽くアゴを引き、
肘を少し閉じた状態で

基本動作

足は下ろした状態で組む。軽くアゴを引き、肘を少し閉じた状態で上下動する。

持ち方

親指で握ると肩に入りやすくなるため、サムレスにし、親指を出すとよい。手首は少し返して、手のひらのまんなかにのせる。

Chapter:6

腹筋のトレーニング

DISCUSSION

加藤直之×鈴木 雅

「全身と連動する場所ゆえ、腹筋とコンディションは表裏一体にある」

鈴木雅さんがホストを務める
パーツ別対談もいよいよ大詰め。ラストは「腹」。
トレーニーなら誰もが"割りたい"場所だろう。
見映えのする板チョコのようなパックは、
どうすれば獲得できるのだろうか。
3回目の登場となった加藤直之さんと鈴木さんが、
腹筋強化の秘密に迫る。

体幹の安定性向上がケガの予防につながる

鈴木 最後のパーツは腹。腹筋です。

加藤 鈴木さんは2016年に世界選手権で優勝されていますが、そのときに私が一番印象に残ったのが、「世界選手権ではちゃんと腹を入れる」とおっしゃっていたことです。

鈴木 そうですね。世界の舞台では特に、ミッドセクションが非常に大切になってくると考えています。なぜなら、アウトラインやフォルムといった「外」だけでなく、「中」があると目を引くからです。名前も知らない選手が30人くらい並んでいる場面では、腹筋がしっかりあったほうが、審査員の目にとまりやすいのはあります。

　私はここ数年で、ようやく腹筋がちょっとだけよくなってきました。長いこと

試行錯誤していたんです。理屈通りにトレーニングするのですが、体が動かなくて…。それが最近は動くようになってきました。そうすると体幹の使い方がよくなって、ケガが少なくなってくるんです。

加藤　おお！　そんな効果が。

鈴木　アウターのみならずインナーマッスルも含めて、使い方が重要だということを痛感しています。皆さん、腹筋というと腹直筋のイメージが強いかもしれませんが、一方でインナーマッスル、特に肋骨や横隔膜の使い方も非常に大切になってきます。

いくら腹筋をやっても発達しないという人は、そこに問題がある気がしています。基本的に肋骨や骨盤などの連動ができていないので、腹筋がなかなか収縮できないのではないかな、と。私も肋骨が開いていたことで、これまでは上体を起こして丸めることがうまくできませんでした。

加藤　鈴木さんは普段のトレーニングで、いわゆるインナーマッスルの強化にも取り組みますか？

鈴木　そうですね。インナーマッスル系の正しいトレーニングは必要だと思います。私の場合は、呼吸のトレーニングをしているのと、種目でいえば、例えばプランクやヒップスラストを取り入れることはあります。女性の間で流行したヒップスラストですが、私は臀筋狙いではなく、お尻を締める骨盤底筋群や、骨盤を締め上げる恥骨筋などを刺激する目的で取り入れています。それによって体幹が安定してきますし、体幹が安定すればインナーマッスルが使えるようになります。

しかも、腹横筋で耐えにくくなります。

腹圧を高める役割がよく知られる腹横筋ですが、ボディメイクを行うならば、腹横筋をメインで使ってはダメなんです。なぜなら、確実に体幹が太くなるから。補助筋として自然に使われるくらいの感じが正解です。

ただ、腹筋のやり方を変えるだけでも、インナーマッスルは勝手に使われます。プランクなんかは有効ですよね。やる前に軽く息を吐いて、外腹斜筋を締めて、耐える。これが身につくと、通常のトレーニングでもできるようになってきます。

加藤　プランク、やらないですね…。前の職場ではレッスンをもっていたので結構やっていたのですが。やったほうがいいですかね？

当時は仕事柄、それこそヨガみたいなこともやっていて、きっとその頃のほうがバランスはよかったと思います。

鈴木　トレーニングの場合は、締めなければいけないので、そういった意識づけはしてもいいのかもしれないですね。

合言葉は「締めて丸める」

鈴木　今は、ジムに行けば簡単に扱える腹筋強化のマシンが多くあります。シットアップ台しかなかった時代に比べれば、確実に腹筋を鍛えやすい環境ですよね。

シットアップ台というと、足を引っかけて上体を起こすイメージがあると思います。シットアップに限らず、一般的な腹筋のイメージは「起こす」動作ではないでしょうか。けれども、最近のマシンは体をクルッと回すものが多くあります。

昔ながらのマシンと最新マシンではどちらが使いやすいのかを調べた研究があ

**「日本選手権で
上位に食い込んでいくために、
腹筋の食い込みは
必須だと思うんです」**（加藤）

るのですが、その結果は、筋電図上（筋波形）では、最新マシンのほうが腹直筋の波形が出ている、つまりよく刺激が入っているにもかかわらず、使いやすいのは昔からあるマシンだという人が多い、というものでした。

それはおそらく、腹筋に対する誤解、先入観があるからだと考えられます。要するに、昔からやられてきたのが、腹横筋や腸腰筋などを使いながら上体を起こす腹筋だったから、それがいいと信じて疑わないわけです。けれども実際には、丸め込むようなトレーニングのほうが、明らかに腹直筋は発達しやすいのです。

近年はメンズフィジークをはじめボディメイク系の競技が多く、腹筋が重要視されるので、その仕組みを知っておくとよいと思います。1つ挙げるならば、胸椎と骨盤を近づけて可動する腹筋なのか、もしくは股関節を動かして体を折りたたむようにしながら働く腹筋なのかによって、考え方は分けたほうがいいかもしれません。

加藤 胸椎と骨盤を近づけるのが腹直筋、股関節を動かすのが腸腰筋、ということですよね？

鈴木 そうです。そこには、全体的な連動の部分でやりやすさ・やりにくさが出

てきます。例えば、股関節を伸ばした状態だと上体を丸めにくく、まっすぐのまま起き上がることになります。けれども、股関節が曲がっていると丸めやすくなります。あるいは、内転筋を使って両膝をグッと閉めながらやると、腹直筋に効くのですが、膝が開いた状態で股関節も開きながらやると、上体が丸まらずに股関節が動くようになります。

加藤 実際にやってみると、膝を閉じたほうが断然いいです。

鈴木 腹筋の仕組みについてもう少し掘り下げていくと、腹直筋はいくつかのパックで構成されており、段ごとに鍛えることができます。1段1段発達させたい場合は、上から順に潰して各段に収縮をかけていくことになります。さらにいうと、胸椎や胸郭、肋骨を締めるような形で行うと収縮しやすい。それは外腹斜筋も同じで、肋骨が閉じれば収縮しやすくなるのです。

加藤 締める感じですか…。

鈴木 肋骨や横隔膜の機能がしっかりしていると、動きに合わせて軽く息を吐くことで、腹筋は出やすくなります。いうなれば、腹筋は連動の中心部分にあり、全身と連動するので、コンディションがよくないと腹筋はきちんとできません。

「腹筋というと腹直筋のイメージが
強いかもしれませんが、
一方でインナーマッスル、
特に肋骨や横隔膜の使い方も
非常に大切になってきます」（鈴木）

逆に腹筋がよくないと、体のコンディションも悪いものです。だからこそ、腹直筋だけでなく、横隔膜や内・外腹斜筋、胸腰筋膜も含めた体幹の連動性が非常に重要です。

　簡単にいえば、要は「締めて丸められたらいい」ということです。特に骨盤の働きが重要で、骨盤が前傾していれば丸めにくいのですが、やや後傾していれば丸めやすい。後傾しすぎてもダメですが、ある程度の後傾状態で力を入れられるようにしておくこともポイントの1つです。

加藤　質問してもいいですか？　腹筋のマシン種目は、ハンドルを握るものが結構多いですよね。鈴木さんがおっしゃったように、腹筋群は基本的に全身をつないでいて、大胸筋、広背筋、それから脚もつながっていると思うんですけど、だからこそ、下手に握ると全身で引いて動作しがちな気がするのです。特に、広背筋で引っ張っているケースをよく目にすることがあるのですが、うまく腹筋だけを刺激するためにはどうしたらいいですか？

鈴木　先ほどお話ししたように、やはり「締めて丸める」ことができるようになることでしょうか。

加藤　マシン種目のハンドルの握りは、使い分けていますか？

鈴木　一応変えます。小指側で握ると背中が働きやすいので、親指側でちょっと引っかけるような形にしますね。

加藤　あと、今回のトレーニング解説には登場しないのですが、アブベンチは背もたれがカーブしているので、ものすごく体が開きます。あれをやるときはどうしますか？

鈴木　そうなんですよね。実施時には注意が必要で、膝を閉めて骨盤が開かないようにします。ただ、ストレッチもしたいので、肋骨を締める意識で行います。

加藤　背もたれに体を預けると、結構骨盤が立ちます。それを立てないようにしてしまう、ということですか？

鈴木　膝を閉めて、肋骨も締めて、支点をつくるんです。最初のポジションが大事ですよね。ストレッチはするのですが、ストレッチと収縮は逆の要素です。それにもかかわらず、ストレッチポジションのままトレーニングしがちなので、例えば負荷を軽くして腹筋を締めながらやるといった工夫があると思います。

加藤　イメージとしては、上から順に締め込んでいくのですよね。脇を締めて、腹筋の1個目、2個目、3個目…という流れですか？

鈴木　そうですね。締めた勢いで上げずに、締めて息を吐いてからもっていくようにします。

体を締める感覚を養う

加藤　私、腹の入れ方がイマイチつかめなくて。腹筋がないわけではないと思うのですが、合戸(孝二)さんと並んでいる2018年の日本選手権の写真を見ると、明らかに腹が弱いんですよね。

鈴木　加藤さん、息を吐いたときに肋骨が閉まりにくいタイプですよね。

加藤　おっしゃる通りです…。それってコントロールの問題ですか？

鈴木　そうだと思いますね。息を吐いてコントロールします。鼻から吸ってためるような練習もしますが、吐くほうがメインですね。吐けなくなってくるんですよ。加藤さん、息を吐いてみてください。

加藤　（スゥーーーーーーー）

鈴木　吐けますね。じゃあ吸ってみてください。

加藤　（スゥーーーーーーーッ！）

鈴木　あ、やっぱり吸うほうが大きい。

加藤　確かに。私の場合、体を開くのは得意だと思うんです。一方で、締める感覚はまだまだつかめずにいます。

鈴木　肋骨を締めるコントロールを身につけることと、あとは骨盤底筋へのアプローチですね。イスに深く座ってお尻を締めて骨盤で伸び上がってみてください。その状態で息を吐いたら、いつもより吐きやすくないですか？

加藤　（スゥーーーーーー…）あ！このほうが腹筋に力が入ります！

鈴木　括約筋や恥骨筋を1回グッと締めてから肋骨を締めると、体が思った以上に開きにくくなります。

　骨盤底筋を引き上げた状態でロウイングをすると、きちんと収縮感が得られるのですが、これが骨盤底筋を緩めると、引けるには引けるのですが、力が抜けてしまいます。また、胸を張らずに骨盤底筋を締め上げてベンチプレスをすると収縮感があり、外腹斜筋に勝手に入ります。ところがこれも、骨盤底筋を抜いて、胸を張って肩甲骨を開いてプレスしようとしても、肘が曲がって押せなくなります。腹圧の連動があるのですね。

加藤　実際にやってみると、よくわかります。

鈴木　加藤さんの体の感覚がいいのもあると思いますよ。

加藤　日本選手権で上位に食い込んでいくために、腹筋の食い込みは必須だと思うんです。

鈴木　ただ、締めすぎてもよくないですよ。締めすぎて広がらないというパターンもありますから。重要なのは、「加減」と「バランス」です。

腹トレの極意

一、体幹の上手な使い方ができるようになると、ケガも減る。

一、マシンの充実により、昔に比べて断然、腹筋は鍛えやすくなった。

一、一言でいうなら、腹筋強化は「締めて丸められればいい」。

アブドミナルクランチ

初動で少しだけ
アゴを引く

TARGET | 腹直筋、外腹斜筋 |

基本動作

初動で少しだけアゴを引く
と体を丸めやすくなる。その
まま肘を閉じ、脇も閉じ、か
つ息を吐きながらグッと収縮
させる。最大収縮させたら、
ゆっくりと戻る。

構え

あおむけになり、脚を上げて股関節を
90度屈曲する。これによって骨盤が
後傾しやすくなる。インクラインベンチ
のように傾斜をつけられるベンチの上
で実施する際は、くぼみの部分にお
尻がはまると骨盤が前傾してしまうの
で注意。膝を閉じて、両手を頭の後ろ
に回し、肘を閉じる準備をする。

膝を閉じる
意識を強化

膝を閉じる動きがわからないときは膝の
間、内転筋に刺激が入るポジションにペ
ットボトルやボールを挟んでクランチを行
うとやりやすい。

プランク

息を吐いて肋骨を締める

TARGET | 腹横筋、多裂筋、横隔膜など |

基本姿勢

足幅は広げすぎずに腰幅程度。息を吐いて肋骨
を締める。お尻は多少浮いても構わないのでしっ
かりとおなかを締めて体を一直線にする。肩の力
は抜くこと。

NG 腰が反っており、体が一
直線になっていない。

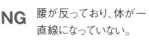

シットアップ

TARGET 腹直筋、腸腰筋

ベンチの角度

腹直筋にストレッチがかかる角度に設定することが重要。傾斜が急すぎても緩すぎてもよくない。

構え

傾斜をつけたシットアップベンチに脚をかけて、頭が下になるようにしてあおむけになる。脚をかけることで股関節が伸展しやすい。ただし腹直筋も狙いたいので、手の位置は頭の後ろでも、胸の前でもよい。

基本動作

アゴを引き、上体を丸め込みながら起き上がる。

NG 上体を丸めることなく起き上がると、腸腰筋に入る。

285

マシンクランチ

ハンドルに親指と人差し指を
引っかけて、グッと肘を締める

構え

マシンに深く座り、膝を
閉じて軽く骨盤を締め
る感覚で行う。

基本動作

アゴを引き、上体を丸
め込む。ハンドルに親
指と人差し指を引っか
けて、グッと肘を締める
とよい。

バリエーション
：足をかけない

足が上がってもいいの
で、足をかけずに行う
と、より腹直筋の収縮
が強くなる。ただし、スト
レッチはそこまでかから
ない。

レッグレイズ

下げすぎると腰を
痛めるので注意

TARGET | 腹直筋下部 |

構え

ベンチの上にあおむけになり、膝を締めて足をそろえる。両手は体側に添わせてベンチに手をかける。

基本動作

アゴを引き後頭部を持ち上げた（骨盤がやや後傾する）状態で、膝を伸ばしたまま、脚を上げたり下ろしたりする。下ろす位置は、体ができる限り一直線になるところまで。ただし、下げすぎると腰を痛めるので注意すること。

バリエーション ： 腸腰筋狙い

腸腰筋を狙いたい場合は、後頭部をベンチにつけた（骨盤がフラット）状態で、両手を頭の上にかけて、同様に行う。

トレーニングギア・コレクション

ケガを予防しながら、さらなるパフォーマンス向上を目指す

トレーニングをより安全に行い、そしてより効果的なものとするためには、
トレーニングギアの存在が欠かせない。
ここでは、代表的なトレーニングギアである
「トレーニングベルト」「リストラップ」「リストストラップ」「パワーグリップ」について、
使用上のポイントを鈴木雅さんに解説いただく。

｜ トレーニングベルト ｜

腹圧をうまくかけられ、腰のケガの予防にもなる

初動で少しだけアゴを引くと体を丸めやすくなる。そのまま肘を閉じ、脇も閉じ、かつ息を吐きながらグッと収縮させる。最大収縮させたら、ゆっくりと戻る。

トレーニングベルトを締めるときのキツさは、装着したときに指が1〜2本入るくらいの余裕があること。それによってしっかり腹圧をかけることができる。

パワーラックなどの柱にベルトを引っかけ、体重をかけて、できるだけキツく締めようとする人もいるが、キツく締めすぎると、肋骨が開きやすくなり、トレーニングの効果を損なう恐れがあるため、避けたい。

リストラップ

手首の保護と
正しいフォームの習得

一端に付いている小さな輪を
親指に通して、手首に巻いて
いく。最初は軽く引っ張る程
度で、緩めに巻き始める。そし
て最後のひと巻きで強めにグ
ッと巻く。巻き終えたらマジック
テープで端をとめて、最初に
親指に通した輪を外す。強く
巻きすぎると手首が動かなくな
ってしまうので、実施種目に合
わせ、ほどよく調整していきた
い。

手首に少しかかるくらい
の位置に巻く。手首にし
っかりかけてしまうと、手
首が動かなくなる。

●外巻き

●内巻き

握力のサポートと巻き方のコツ

ストラップの先を、親指と人差し指をうまく使ってバーに巻きつける。巻きつけた部分を手のひらでくるむように持ち、手前にギュッと回すとストラップがしっかりと固定される。リストストラップは手首が動くので、できれば握ったときに手首を少し入れるような種目ではなく、例えばロウイングなどのように、まっすぐ握る種目のときに用いると、収縮・伸展がしやすい。

パワーグリップ

背中のトレーニングの必需品

高重量を扱う人に必須なのはもちろん、背中をコントロールする上でも重要。背中のトレーニングでストレッチをかけるときには、手首が固定されながらも、握り込んでしまってはよくない。力を抜くためにもパワーグリップが一役買う。ただし、頼り過ぎないように注意が必要。特に肩のトレーニングでは、重量をぶら下げることとなり、あおって手首で挙げてしまうことにつながる。

「バルクアップ」に
どう取り組むべきか

佐藤貴規×加藤直之
「必要なことを必要な量だけやる。これが大切」

トレーニーにとっての永遠のテーマといえるのが筋肉を大きくすること、つまり「バルク
アップ」「筋量増加」である。しかしながら、1年間で1kgの脂肪を落とすのと、1kgの筋
肉を増やすのとではどちらが難しいか。答えは圧倒的に後者である。減量と比較すると、
目標設定も取り組み方も大雑把になりがちなバルクアップ。本書のラストとなるディス
カッションでは、「いかにして筋量を増やすか」をテーマに佐藤さん、加藤さんに話を聞
いた。二人はボディビルではライバル関係にあり、また体質のタイプも異なる。全トレー
ニー必読の対談がここに!

20代は「ボディビルの
ゴールデンタイム」。食べれば
食べた分だけ大きくなる

――減量よりもバルクアップのほうが個人差が大きく影響するように思います。

佐藤　その人が持っている能力差、個人差の影響というものは確かにあるような気がします。しかし、能力があるからやる、能力がないから諦める、という話でもないと思います。アプローチの方法さえ間違っていなければ、その人が持っているポテンシャルを最大限に引き出せるはずです。

――その「能力」というのは？

佐藤　いろんな条件があると思います。元々の地力が強くて重たいものを扱える人は、当然筋量を増やしやすいはずです。また、食事をしっかり食べられる人、胃腸が丈夫な人であれば、それだけたくさんの栄養を取り込むことができるので、それも能力のひとつだと言えます。その意味では、私はバルクアップには最も苦労した選手の一人だと思います（苦笑）。

加藤　75kg級で優勝している佐藤さんは、デビュー時は60kg級でしたからね。バルクアップに関しては、どちらかといえば佐藤さんよりも私のほうが苦労はしてないと思います。ただ2006年だったと思いますが、佐藤さんとは日本クラス別選手権65 kg級で初めて同じ舞台に立ちました。バチバチとやりあった仲です。

佐藤　ライバル関係にありましたからね（苦笑）。

加藤　今では70kg級に出場している私も65kg級からスタートしているの

で、バルクアップには意識的に取り組んできた部分はあります。私は、年齢別で考えてもらうといいのではないかと思います。私は20代からボディビルを始めて、40代になった現在もなんとか継続できています。20代は「ボディビルのゴールデンタイム」と言える年代です。実際に私も、食べれば食べた分だけ大きくなるような感覚がありました。20代のうちはあまり深く考えすぎず、たくさん食べ込むことで胃腸が鍛えられて丈夫になるということもあると思います。

佐藤　加藤さんが言うように、若いうちはとにかくトレーニングも食事もやれることをやって、そこでキャパシティーを広げるというのが一般的な方法だと思います。

加藤　当時はいかに高カロリーでカサがないものを食べるか。「お、これで1000キロカロリーもあるのか！」みたいな（笑）。そういうものばかり選んで食べていました。例えば、菓子パンなどは非常に効率がよかったです。私個人の考えとしてですが、20代は極端な話、炭水化物とタンパク質は食べられるだけ食べたほうがいいと思います。

しかし30代の後半になったあたりからは、あまり太ると健康面での被害も出てくるかもしれません。だからオフシーズンの体重をある程度決める、例えば増やすにしてもコンテスト体重から+10%くらいにとどめたほうがいいように感じます。

――体脂肪が増えすぎると？

加藤　なんとなくだるくなってしまうんです。内臓も疲れてしまっているのかもしれません。これは私の個人的な考えで

すが、体調の良い状態でトレーニングをするためにも、体重は増やし過ぎないほうがいいかと思います。

佐藤　私にはある一定の期間で体重がすごく増えたとか、すごく重量が伸びたとか、そういう経験がないんです。

たくさん食べられないという人は、食事の回数を増やすのも有効な手段

——「食べる」ということに対しては佐藤さんはかなり苦労したと聞きます。

佐藤　これは結果的に失敗に終わったパターンなんですが、就寝前にたくさん食べれば体重が増えるという一般的な考え方に基づいて、夕食にプラスして寝る前にポテチ一袋を食べていました。また、牛丼屋に行ったら牛丼とカレーを大盛りで食べたり。ただ、そういうことをすると、翌日の朝に胃もたれを起こして、朝食が食べられないんです。だから結果的に1日のトータル摂取カロリーはあまり増えない、もしくは減っていました。それではもちろん体重は増えません。このやり方は私には合っていませんでした。

そこで、だったら胃腸に優しい、クリーンな食事をなるべく多く食べるしかないと思いました。脂肪は増えないかもしれないけども、筋肉を着実に増やせるだけの栄養を摂るようにするという考え方です。

——その「クリーンな食事」というのは、例えば鶏胸肉玄米のような、いわゆるビルダー食のようなものですか。

佐藤　そうです。その量と回数を増やしました。1回の食事でたくさん食べられないという人は、補食を充実させるなどして1日の食事回数を増やすのも一つの有効な手段になると思います。限界まで詰め込むような量になると、腸の蠕動運動ができなくなるそうです。それで余計に消化が悪くなるらしいです。だから自分のキャパを超える量を無理に食べると、栄養が体に入ってこないということになります。蠕動運動ができる量、いわゆる腹八分目くらいの量を回数を多く食べる。その方が結果的には1日の食事量はたくさん取れると思います。だから若いころ、

「20代のうちはあまり深く考えすぎず、
たくさん食べ込むことで胃腸が鍛えられて
丈夫になるということもあると思います。
私も食べれば食べた分だけ大きくなるような感覚がありました」（加藤）

293

「年を重ねて食べられる量が限られてきたのであれば、なるべくクリーンなものを食べ、トレーニングも高重量で限界までやるという大雑把なものではなく、怪我を避けるよう考えながらやっていく必要が出てくると思います」(佐藤)

例えばポテチであれば1袋ではなく半分にしてみたり、また徐々に量を増やしてみたりとか。そこはもう少し緻密に行えば違った結果になったかもしれませんね。
——自分のキャパの範囲内で食事回数を増やしていく？
佐藤　ただ、私はボディビルを引退して5年になりますが、逆に今のほうが若いころより量を食べられています。
加藤　胃腸が強くなったんですか？
佐藤　一言で言うとそういうことかもしれないです。若いころは消化の良いものだけなるべくたくさん食べようにしていたので、胃腸に負荷がかかっていないんです。胃腸のトレーニングができていなかったのかもしれません。今はボディビルからは引退をして、そこまで食事を制

限せず、いわゆる普通の食事も食べるようになったので、胃腸が強くなって消化能力が高まった感覚はあります。今の体重は76kgで、現役時代よりも重たいです。ただ、現役当時は一生懸命食べていて、もちろんトレーニングも一生懸命やって、でもそこまで体重は増やせませんでした。そういう意味でも、食事でも多少は胃腸に負荷をかけるような食べ方をしていかないと身体のキャパシティーは広がっていかないという気はします。
　ここで難しいのが、腹八分目くらいの量では胃腸は鍛えられないということです。また、胃腸を鍛えるには数カ月単位ではなく、もっと長いスパンで取り組んでいく必要があると思います。

年齢を重ねるにつれて「栄養」と「休養」の割合が増えていく

——バルクアップ期のトレーニングに関してはいかがでしょうか。
佐藤　先ほど加藤さんが言っていたように、ゴールデンタイムの20代は多少食事は大雑把になってもいいから何でも食べたほうがいいですが、ただし年を重ねて食べられる量が限られてきたのであれば、そういうわけにもいきません。なるべくクリーンなものを食べ、トレーニングも高重量で限界までやるという大雑把なものではなく、怪我を避けるよう考え

ながらやっていく必要が出てくると思います。

加藤　40代になった今になって考えてみれば、若いころに重量を扱うトレーニングをやっておいて良かったと思います。そのころのトレーニングが今の体のベースを築いているような気がします。

30代以降も、基本的には「使用重量を伸ばす」という方向でいいと思います。ただし40代になって、トレーニングのボリュームを増やすのはもう無理です。若いころは高重量で10セットやっていたのですが、そういったことはもうできません。私は今日はハムストリングのトレーニングだったんですが、内容は結構シンプルでした。ダンベルのデッドリフトで160ポンド（約72kg）のダンベル2つの計320ポンド（約145kg）で20回1セット。プローンレッグカールをフルスタックで15回1セット。ヒップスラストマシンを20kgプレート6枚で15回1セット。

佐藤　合計で3セット？

加藤　そうです。本日は家庭の用事もあったため、さすがに極端な例ですが、セット数は少なく、できるだけ重いものを持って、粘れるだけ粘って回数をこなすというトレーニングです。20回やった後にもう1セットやれと言われたら気持ち的にちょっと無理です（苦笑）。ただ、20回ほどだったら筋肥大の回数域なので、短時間で強度を上げるには良い方法だとは思います。佐藤さんはどうですか？　筋肉の感覚を研ぎ澄まして、いわゆるマッスルコネクション（効かせたい筋肉に意識を集中させるトレーニング）なども実践しているのですか？

佐藤　そうですね。私の場合は、他の選手と比べると自力もそれほど強くなかったので、何で補うかといえば感覚であったり回数であったり、重量以外の要素を足していくしかないと思いました。

加藤　その重要性は40代になってひしひしと感じるようになりました。実際に、40代にもなると疲れが抜けにくくなってきます。疲労対策も大きな課題です。

佐藤　体作りの3要素「運動」「栄養」「休養」の「栄養」と「休養」の割合が増えていくというイメージですね。

加藤　トレーニングはどうしても若い頃と同じようにはできないので、サプリメントをうまく活用して、生活習慣を見直して無駄をなくしていくことが大切になってくるとかいます。サプリメントの「アルティメットリカバリー」は効果が体感できました。また、トレーニング後のプロテインにマルトデキストリンを100gほど混ぜて飲んでいましたのですが、使用重量が伸びて体重が増えていきました。

——休養の取り方については？

加藤　筋肉の成長の過程にはタンパク質の代謝系と筋線維の再生系の2つがあります。筋線維の再生系は休まないことには起こりません。どうしてもトレーニングはやりたくなってしまうものですが、疲れているようならば、そこは素直に休んだほうがいいです。疲弊した状態でトレーニングを続けていると、筋肉が硬くなってしまいます。

佐藤　若いころはトレーニングをやりたいから、多少疲れていてもやってしまいます。ただし、休養は十分には取れていないはずです。かといって、休養が必要といって1日中寝ているだけでは筋肉は

Q：目標設定はどうすべき？

**A：「若い方の場合は体重を増やしていく中でBIG 3を中心とした
コンパウンド種目の重量を伸ばしていく、これでいいと思います」**（加藤）
**「食が細くなかなか体重が増えないという人は、
最初は1年かけて前年のプラス1kgでいいと思います。
年間で筋量が1kg増えれば、10年間で10kg増です」**（佐藤）

成長しません。体重が増えるからといっ
て必要以上に栄養を食べる必要もありま
せん。必要なことを必要な量だけやる。
これが大切だと思います。

——その必要な量を見極めるためにも、
まずは実践して、自分の身体の変化を追
っていくのも重要？

佐藤　人の体は個体差も大きいですし、
まだ科学的に判明していないこともあり
ます。そこは自分でやってみて、トライ
&エラーを繰り返しながら、自分で見極
めていくしかないと思います。

——ただし、減量よりもバルクアップの
ほうが目標を設定しづらいというのはあ
るかもしれません。

加藤　若い方の場合は体重を増やしてい
く中でBIG 3を中心としたコンパウンド
種目の重量を伸ばしていく、これでいい
と思います。

佐藤　そうですね。また、
バルクアップの目標設定
が難しいという理由に、
根拠のない目標設定をな
んとなくしてしまう人が
多いような気がします。
例えば「体重100kgまで増
やしたい」「ベンチプレス
100kg挙げたい」、その
「100」という数字にどう
いった意味があるのか。

数字にとらわれて、やってみたら意外に
簡単にクリアできる目標だった場合もあ
れば、全く見当違いな目標設定をしてい
る場合もあるかもしれません。

減量は比較的、現実的な部分で考えやす
いので、緻密に取り組めると思います。
一方、バルクアップの目標設定は大雑把
になりがちです。そこで達成できずに失
敗するということはあると思います。

——なかなか体重が増やせない、筋量を
増やせないっていう人はどういったとこ
ろから入ればいいでしょうか。

佐藤　1年で10 kg増やすなど、大雑把
な目標を設定するのでうまくいかないと
いうのはあると思います。最初は、例え
ば1年かけて前年のプラス1kgでいいと
思います。年間で筋量が1 kg増えれば、
10年間で10kg増です。十分な成長を遂
げたと言えると思います。

「正しいフィットネスを 広めていくこと。 それが使命」

現在のゴールドジムイースト東京。マシンやフリーウエイトはますます充実し、名実ともに「日本ボディビルのメッカ」として数多くの会員が通う

手塚栄司・代表取締役社長が語る ゴールドジムのこれまでとこれから

1995年に、日本初のゴールドジムが誕生。

以降、27年の間に店舗は増え続け、2022年現在その数は100を超えた。

現在に至るまでには、いくつかのターニングポイントがあり、

また、フィットネスに対する熱い想いがあった。

日本にゴールドジムを広め、そ

して2012年にはゴールドジムの殿堂メンバー入りを果たした、

THINKフィットネスの手塚栄司代表取締役社長にお話を伺った。

てづか・えいじ
株式会社THINKフィットネス代表取締役社長。1961年生まれ、東京都出身。86年に有限会社スィンクを設立。フィットネスクラブの運営とバーベルや小物の輸入販売を行う。95年にアメリカのGOLD'S GYM FRANCHISING（GGF）社とフランチャイズ契約を、98年にはマスターフランチャイズ契約（日本国内におけるフランチャイズ展開も含む）を締結。2006年、株式会社THINKフィットネスへと社名を変更し、現職へ。正しいフィットネスを世の中に広めるため、日々精力的に活動している

〝ボディビルの聖地〟
ベニスのジムに憧れて

　1980年頃に初めてアメリカ・ベニスの
ゴールドジムを訪れたとき、私は「こん
なところがあるのか！」と衝撃を受けま
した。その憧れの気持ちから86年に
「THINKフィットネス」の前身となる会
社を立ち上げ、ジム経営やマシンの輸入
販売を始めたのです。その後、94年に、
当時ゴールドジムのアパレル部門を輸入
販売していた会社の社長にお会いする機
会があり、そこで「日本にもゴールドジ
ムがあれば……」と話をしたところ、「紹
介状を書くから、君がやりなさい」とい
う流れになったのです。

　もっとも、当時のゴールドジムは海外
に出店する計画がなく、しばらくは進展
がありませんでした。そこで展示会でア
メリカに行った際に思い切って本社を訪
問し、4日間毎日、事務所を訪ねた後に
ジムでトレーニングを行いました。そう
しているうちに少しずつ距離が縮まり、
「ゴールドジムのポリシーを学ぶのであ
ればOKだ」という返答をもらうことが
できました。

　帰国後、早速ジムの改造に着手したの
ですが、本社からアドバイスされたのは、
「マシンを変えるより、フリーウェイト
を増やしたほうがいい」とのことでした。
ちょうどTHINKフィットネスはイヴァ
ンコ社の輸入代理店をやっていましたの
で、フルラインでバーベルとダンベルを

1995年7月、日本1号店として南砂町に誕生したゴールドジムイースト東京

1997年、大塚に「ノース東京」として2号店をオープン

日本1号店のオープンに着手する際、
本社からのアドバイスは、
「マシンを変えるより、
フリーウェイトを増やしたほうがいい」だった

そろえました。結果的にはそれが奏功し、明らかにハードなジムとなりました。そして95年7月、南砂町にゴールドジムの日本1号店をオープンしたのです。

現在と同じ場所で、同じサイズのジム、8割方は手作りだったにもかかわらず、1ヵ月で会員数が大幅に増加しました。当初はスタッフもそれほどいませんでしたから、基本的にはフロントからトレーナー、掃除まですべて自分でやるという状況でした。

ゴールドジムの2人の恩人

その後、徐々にスタッフも増え、オープンから1年半ほど経ってようやく軌道に乗ってきたと感じていた頃、水上様という方がジムを訪ねてこられました。そ

の方は元ボディビルダーで、倉庫を改造して店舗展開する会社の役員をされており、偶然トレーニング関係で共通の知人がいたことから、一気に親しくなりました。そこで「こういうジムをもっと増やすべきだ」という話になり、2号店を出すことになったのです。さらには、恩人の会社社長からゴールドジムのアパレル部門の権利を譲っていただくというありがたいお話も重なり、97年に大塚に2号店を出店することになりました。

2号店は滑り出しこそよかったものの、その後は伸び悩みました。「設備がよければ人は来てくれる」と考えていたのですが、そうではなかったのです。そのことに気づき、トレーナーとして現場に出てみると、多くのお客様の生の声を聞くことができました。そこで私は「お客様

がお客様を呼んでくれるのだ」ということを知りました。

　ちょうどその頃、近隣のあるスポーツクラブが縮小するのに伴い、会員の移籍を引き受けたのですが、その中心だったのが、ボディビルダーの北村克己さんでした。北村さんのトレーニングはとにかくものすごかった。あまりにすごいため、普通のマシンでは耐えられなかったほどです。一方で、通常はマシンを壊されたら困るわけですが、我々は壊れたマシンを溶接して補強するなど、「北村さんがやっても壊れない」マシンを作っていきました。するとそれが話題を呼び、結果的にジムが活性化していったのです。

　またその時代は、K一1が大ブームで、花形選手だったアンディ・フグは、87年にポーランドで行われた空手大会で初めて会ったときから親交があり、97年に日本で再会した際にゴールドジムにも来てくれました。そしてそれ以来、彼は、テレビの取材を受けるときには必ず我々のジムで撮影をしてくれたのです。それによってゴールドジムの認知度は飛躍的に高まり、多くのお客様に来ていただけるようになりました。

　北村さんのおかげで、よりハイレベルなトレーニングができるようになってジムが活性化し、アンディのおかげでゴールドジムを広く知ってもらえるようになった。今のゴールドジムを考える上で、この2人の功績は、計り知れないものがあります。

　しかし、99年に神戸元町店をオープン

日本におけるゴールドジムの存在を広く知らしめてくれたのが、ボディビルダーの北村克己（マッスル北村）氏と、空手家のアンディ・フグ氏。人気者の2人だったが、ともに2000年8月に急逝

4年に1度、ゴールドジムのフランチャイズオーナーやOBが世界中から集まる（写真はアメリカ1号店の前で撮影）

し、そのセレモニーに出席していただいた直後に、北村さんが突然他界されました。さらにそのわずか3週間後には、アンディまでもが亡くなってしまいます。

このとき、私はとてつもないショックを受けました。しかしながらその一方で、「人生はいつ終わるかわからない。やるなら今しかないのだ」と自分のなかにエンジンがかかるのを感じました。そして、ゴールドジムに絶大な貢献をしてくれた2人の名前がいつまでも残っていくようにしなければ、と強く心に決めたのです。

フィットネス ＝ちょうどいいこと

この頃から、事業展開についてもより深く勉強するようになったのですが、そこで参考にしたのが、衣料品ブランド・ユニクロの原宿出店でした。「原宿にお店を出すことで認知度が上がり、ブランド価値が上がる。ひいては出店もしやすくなる」という柳井正会長のコメントを報道で耳にして、「これだ！」とヒントを得たのです。

早速場所を探すことにしたのですが、たまたま信号で止まったときに現在の原宿店がある場所が工事中で、すぐに連絡して図面を見せてもらったところ、ちょうど1号店と同じようなサイズと形でした。「日本のゴールドジムはこのスペースから始まった」というメッセージにもなると考え、お願いしてそこに出店することになりました。そしていざオープン

すると、初日からジムがパンクするほど多くのお客様に来ていただきました。結果的にこの原宿店ができたことで、ゴールドジムの認知度はさらに大きく上がっていったのです。

10年前、ありがたいことに私はゴールドジムの殿堂メンバーに選出していただきました。錚々たる方々がいるなかで、なぜ自分が選ばれたのか、最初はわからなかったのですが、実は我々はゴールドジムの海外出店第1号で、アメリカ以外でマスターライセンスを取ったのも日本が最初だったのでした。

現在では、世界30ヵ国にゴールドジムができていますが、その多くのケースで日本の事例が参考にされたそうです。そのことを知って以降、これからは世界中のフランチャイズ全体で物事を考えなければならないのだ、という意識も芽生えました。

我々のポリシーは、正しいフィットネスを広めていくことです。フィットネスが何かと言えば、「ちょうどいいこと」だと私は考えています。運動・栄養・休養のバランスがとれ、自分にとってちょうどいい健康的な生活習慣が、その人にとってのフィットネスです。それが世の中に広がっていけば、もしかしたら医療費の削減や介護問題の解決策につながるかもしれないのです。

かつて、フィットネスは余暇産業、レジャー産業と考えられていましたが、そうではありません。健康的な生活習慣を浸透させ、社会に必要とされる産業なのです。そうなっていくための一翼を、ゴールドジムが担っていければと思っています。

**フィットネスは健康的な生活習慣を浸透させ、
社会に必要とされる産業。
そうなっていくための一翼を、
ゴールドジムが担っていければ**

原宿への出店は、ブランド価値を高めるきっかけとなった

プロフィール

鈴木雅 （すずき・まさし）

1980年福島県出身。株式会社 THINK フィットネス・ゴールドジム事業部、トレーニング研究所所長。21歳でトレーニングを始め、ボディビル競技歴2年で東京大会優勝。ボディビル界の「ゴールデン・ボーイ」と呼ばれ、2010年から19年まで、日本ボディビル選手権9連覇。2016年世界選手権80kg以下級優勝、16年アーノルドアマチュア80kg以下級優勝。21年から読売ジャイアンツでのトレーニング指導も担当。

荒川孝行 （あらかわ・たかゆき）

1978年、東京都出身。パワーリフター。株式会社 THINK フィットネス勤務。ゴールドジムアドバンストレーナー。2007年（100kg級）および12〜14、17、22年（93kg級）に全日本男子パワーリフティング選手権優勝。2017年世界男子パワーリフティング選手権93kg級7位入賞。

佐藤貴規 （さとう・たかのり）

1979年東京都出身。2002年に22歳でボディビルデビュー（東京オープン選手権60kg以下級優勝）。日本選手権は12年に初めてファイナリストとなり、同大会での最高位は5位（15〜17年）。国際大会の主な戦績は、東アジア選手権65kg以下級優勝（07・08年）、アジア選手権65kg以下級4位（15年）、世界選手権70kg以下級7位（17年）など。17年を最後に競技ボディビルの第一線から退くことを表明。株式会社 THINK フィットネスでプロテインやサプリメントの開発を担当。

相澤隼人 （あいざわ・はやと）

1999年、神奈川県出身。中学2年生でボディビルデビュー。2015年からは全国高校生選手権3連覇。ボディビル界のミライモンスターとして注目を集める。17年日本ジュニア選手権優勝、世界ジュニア選手権75kg級5位。18年全日本学生選手権優勝。19年、19歳で東京選手権最年少王者に。21年、日本クラス別選手権80kg以下級優勝、21、22年日本選手権優勝。22年より主にパーソナルトレーナーとして活動。

田代誠 （たしろ・まこと）

1971年、鹿児島県出身。株式会社 THINK フィットネス取締役・ゴールドジム事業部長。2001〜04年に日本ボディビル選手権で4連覇を果たす。13年世界選手権70kg級3位。14年アーノルドアマチュア70kg級3位、19年日本クラス別選手権70kg以下級優勝。

荒川大介 （あらかわ・だいすけ）

1978年、東京都出身。パワーリフター。株式会社 THINK フィットネス勤務。2007〜11年、全日本パワーリフティング選手権（90kg級）5連覇（11年は93kg級）。08年世界選手権（90kg級）4位。19年全日本男子選手権（83kg級）2位、フルギア一般男子83kg級デッドリフト日本記録保持者（303.0kg）。

加藤直之 （かとう・なおゆき）

1981年、千葉県出身。株式会社 THINK フィットネス勤務。ゴールドジムアドバンストレーナー。2012年ジャパンオープン優勝。13年には悲願だった日本選手権決勝進出を果たし、以降トップビルダーの一員に名を連ねる。17年アジア選手権70kg以下級3位。日本選手権3位。21年日本クラス別選手権70kg以下級優勝、世界選手権マスターズ40〜44歳80kg以下級3位。

木澤大祐 （きざわ・だいすけ）

1975年、愛知県出身。18歳でボディビルデビュー。2004年に初めて日本選手権のファイナリストに進出。以降、現在に至るまでトップビルダーとして活躍中。18年日本選手権6位。19年日韓中親善大会2位、日本クラス別選手権（85kg以下級）優勝、日本選手権4位。17年2月に、トレーニングジム「ジュラシックアカデミー」をオープン、19年4月に株式会社JURASSIC ACADEMY代表に就任。21年の日本選手権では自己最高位の2位に躍進。

かいていけっていばん！
改訂決定版！

ゴールドジム メソッド スペシャル

2022年 4 月28日　第1版第1刷発行
2022年11月30日　第1版第2刷発行

編 者　ベースボール・マガジン社
発行人　池田哲雄
発行所　株式会社ベースボール・マガジン社
〒103-8482　東京都中央区日本橋浜町2-61-9　TIE浜町ビル
電話03-5643-3930（販売部）
　　　03-5643-3885（出版部）
振替00180-6-46620
https://www.bbm-japan.com/

印刷・製本　共同印刷株式会社

© Baseball magazine sha 2022
Printed in Japan
ISBN 978-4-583-11508-5 C2075

※P74、P112、P216のエクササイズについては、動画でも動作を確認できるようにしています。動画は、インターネット上の動画投稿サイト（YouTube）にアップしたものに、QRコードを読み取ることでリンクし、視聴するシステムを採用しています。QRコードを、スマートフォンやタブレット型パソコン等付属のカメラで撮影することで読み取り、視聴してください。経年により、YouTubeやQRコード、インターネットのシステムが変化・終了したことにより視聴不良などが生じた場合、編者・発行者は責任を負いません。また、スマートフォン等での動画視聴時間に制限のある契約をされている方が、長時間の動画視聴をされた場合の視聴不良などに関しても、編者・発行者は責任を負いかねます。